Die Käfigtür muss offenbleiben – Begegnungen eines Journalisten

von

RHINOVERLAG

Mit freundlicher Unterstützung der

ILSE
HOLZAPFEL
STIFTUNG

THEATER
am
Schiffbauer
damm

Inhalt

Geleitwort: Globetrotter des Geistes

Die Einen reisen zu Lande, zu Wasser und in der Luft um den Globus und überwältigen anschließend oder schon währenddessen unsere hungrige Phantasie mit dramatisch-romantischen Aventüren, die Anderen fördern auf Höhen- (und zuweilen auch Tief-)Flügen des ureigenen innersten Wesens exorbitante bis banale Erkenntnisse von der unfassbaren Vielfalt unseres Fühlens und Denkens zutage.

Wolfgang Leißling, Weltbürger wie jeder Thüringer, der seine Klassiker kreativ inhaliert hat, bewegt sich als ebenso eleganter wie eloquenter Seiltänzer zwischen Realität und Transzendenz dieser beiden Welten.
Jahrzehntelang durchstreifte er als Kulturjournalist sowohl Literatur und Kunst nicht nur, aber vorrangig, seiner Region am Schreibtisch als auch per pedes und Fahrzeug das Land Thüringen mit seinen Schlössern und Burgen, Fachwerk- und Plattenbauten, bewohnt von Menschen jeglicher Couleur.

Da kommt denn was zusammen: Diverse Kisten und Kästen füllten sich mit Notizen von Erinnerungen an eindrucksvolle Begegnungen mit Persönlichkeiten, die großzügige Weltsicht mit widerspruchsaffiner Nachdenklichkeit auf spannende Weise zu verbinden verstehen.

Mit bezwingendem individuellem Charme und überzeugend ehrlichem Einfühlungsvermögen, das sich einerseits auf kulturhistorisches Knowhow, andererseits auf psychologisch basierte Empathie stützt, entlockt der erfahrene Journalist seinem Gegenüber Gedanken, die bei jedem an Thüringen und Thüringern und deren inspirierenden Kreationen Interessierten Neugier auf mehr wecken.

Das gelingt brillant, weil er sich bei aller gebotenen professionellen Distanz jedem Gesprächspartner hinreichend zugeneigt zeigt, um dessen Vertrauen zu gewinnen.

Zwischen den nicht nur mit Leidenschaft beschriebenen, sondern auch ambitioniert bebilderten Seiten dieses kurzweiligen Kompendiums treffen Menschen unterschiedlichster Provenienz aufeinander, die man im realen Leben gern an einer langen Festtafel – oder einem runden Tisch wie die Ritter der fiktiv-historischen Tafelrunde oder der faktisch-wilden Wendezeit – sich zusammen und zueinander finden sähe: flügelleichte Traumtänzer neben bodenständigen Eichen, unbeirrbar rationale Kämpfer neben inspirativ-intuitiven Künstlerseelen, die schillernde Schauspielerin Auge in Auge mit dem weltgewandten Diplomaten, die unkonventionelle Regisseurin Seite an Seite mit dem sensiblen Pianisten, den freimütigen Sänger und Gitarristen im Gespräch mit dem lebenserfahrenen Medizinprofessor, die wortgewaltige Schriftstellerin Schulter an Schulter mit dem wagemutigen Kunstsammler, die tapfere Über-Fliegerin, Erotikexpertin und knallharte Geschäftsfrau auf Du und Du mit dem kreativen Modezaren, der experimentierfreudige Maler umgeben vom irrwitzigen Comedian und fingerfertigen Karikaturisten auf der einen Seite, dem charismatischen Schamanen und der wagemutigen Politaktivistin auf der anderen – allesamt abenteuerlich und anregend platziert zwischen den Traumgestalten und Geistern von Tannhäuser und Parzival, Goethe und Nietzsche, und die schöne Elisabeth schreitet by the way Hand in Hand mit einem unbekannt gebliebenen Minnesänger den waldigen Weg von der Wartburg herab.

Dichtung oder Wahrheit? Oder was?
Wer will das entscheiden?

Ein Buch, lebendig und bildreich in Gedankenwelt und Sprachkraft, macht Lust aufs Grübeln, Forschen und Träumen über das alte und neue Land Thüringen und die Menschen, die darin Spuren hinterließen, und im besten Fall auch noch darüber hinaus über das eigene Leben und Wirken dieser Welt.
Was will man mehr?

Dr. Jutta Lindemann

Für unseren Freund:
Wie auf einer kostbaren Kette fügt sich jede erzählte Erinnerung gleich einer neuen Perle zu einem glänzenden, wunderbaren Ganzen und ist gleichzeitig ein unverwechselbares Zeitdokument, eine Beschreibung einer außergewöhnlichen Begegnung und ein Spiegel eines begeisterten Vollblutjournalisten mit seiner unendlichen Neugier auf Menschen und Dinge.

Dr. Monika und Helmut Besser

Wolfgang Gans
Edler Herr zu Putlitz

Wolfgang Gans Edler Herr zu Putlitz

Unterwegs nach Deutschland

Erinnerungen eines ehemaligen Diplomaten

Auf dem richtigen Weg

Das Glück ist launisch, sagt man. Und manchmal kommt man ihm auf die Spur, ohne es zu ahnen. Meine Möglichkeit war das Lottoglück. Ich hatte es insofern, als ich über Monate erfolglos tippte und die dabei gesammelten 200 Losabschnitte eines Tages in die Annahmestelle brachte und mir dafür ein Buch aussuchen durfte. Es hieß „Unterwegs nach Deutschland" und stammte von Dr. Wolfgang Gans Edler Herr zu Putlitz (1899–1975), einem jener alt-eingesessenen märkischen Adligen, der seinen Besitz im ostdeutschen Laaske freiwillig hergab. Und nicht nur dies. Der ehemalige Diplomat, Nachrichtendienstler und britische Staatsbürger siedelte 1952 in die DDR um. Ich verschlang fasziniert, was Putlitz zwischen Washington und Paris, zwischen London und Haiti erlebte – heute noch in der Botschaft und Jahre später im Asyl. Dabei blieb er stets Antifaschist – ein echter Patriot. Die Nazis hatten ihn in Abwesenheit zum Tode verurteilt. Es war nicht schwer, über den Verlag der Nation einen Kontakt zu knüpfen und noch einfacher, ihm am 23. August 1964 zu schreiben, nicht ahnend, dass ich relativ schnell eine Antwort auf jene Frage finden sollte, die er seinem literarischen Erstling vorange-stellt hatte: „Welcher Weg war der richtige?"
Wer beschreibt meine Aufregung, als eines Tages die von ihm handgeschriebene Antwort im Briefkasten lag – ein ausgeprägt intellektueller, schwungvoller Federzug. Ich musste mich in den persönlichen Tintenduktus erst einmal einlesen. Es sollte beileibe nicht der einzige Brief bleiben, auch als ich meinen Wehrdienst ableistete, wurde mir seine Post mit sichtlichem Erstaunen im Blick auf den Absender überreicht. Und: ich hatte sogar seine private Telefonnummer in Berlin. Zwischendurch war etwas völlig Überraschendes geschehen. Ich, der gelernte Werkzeugmacher und gelegentliche Schreiber in der Betriebszeitung „Funkwerk-Echo", wollte ein richtiger Journalist werden, so mit Volontariat und Studium.
Der körpergroße, breitschultrige Putlitz und ich saßen im Sonnenlicht im Berliner Ausflugslokal Zenner. Er hatte mich dorthin eingeladen. Mit seinem Pkw Moskwitsch waren wir hinausgefahren und redeten, wie man redet, wenn man sich so viel zu sagen und ich noch mehr zu hören hatte. Wir tranken Bier, und als sich der Schriftsteller Ludwig Turek im weiten Mantel und breitkrempigem Hut zu uns setzte, schlug mein Herz noch höher. Ich kannte seinen Frankreich-Roman „Freunde", und er freute sich darüber. Immer neue Menschen kennenlernen, mit ihnen zu reden, über sie zu schreiben und dann noch in einer Tageszeitung gedruckt zu werden – das war's für mich. Meine Zukunft bekam durch Putlitz die hellsten Töne und schönsten Farben, wenn er über sein publizistisches Wirken sprach, als Autor, Lektor, Übersetzer und seine zahlreichen Reisen. „Sie haben die Chance", schrieb er mir nach dem Berlin-Besuch „Ihre schönen Jugendhoffnungen einmal erfüllter

Berlin den 31.8.64

Liebe Herr[n] Wolfgang Leissling! Es hat mich aufrichtig
gefreut, dass selbst Sie als 18 jähriger und als
eine Generation, die erst nach den Schreckenszeiten
geboren wurde, an meinem Buch etwas finden,
das Ihnen etwas gibt. Gern will ich denn Ihre
Fragen beantworten: In meinen alten Beruf, die
Diplomatie, dem ich ja mit Leib und Seele ergeben
war, bin ich bis natürlich nicht wieder eingetreten:
Kommen, wie sagt das ein Sprichwort?: dass die
Verhältnisse, die sind nicht so". Seit meiner
Rückkehr hie, habe ich in verschiedenen Verlagen und
Redaktionen als Lektor, Übersetzer etc. [...] vorwiegst
gearbeitet. Zur Zeit habe ich nur eine Stellung im
Nationalrat. Manchmal, wenn Es dazu eingeladen werde, halte ich auch Vorträge und schreibe
freie Artikel. Soeben habe ich außerdem ein
zweites Buch fertig, das Anfang nächsten Jahres
heraus kommen soll, und hoffentlich
wieder ein Erfolg wird. Es sind Kurzgeschichten.
... steht noch nicht fest, Wahrscheinlich:
... Miniaturen". Das Feld war
... hängen, habe ich lieber
... wendet. Es gibt
... (China).

Herrn Wolfgang Leissling
50 Erfurt
Reich...

zu sehen als ich die meinen." Als später 1967 aus unserem Sie ein vertrauliches Du wurde, hatte ich einen Volontärvertrag mit der Thüringischen Landeszeitung (TLZ) Weimar in der Tasche. Bei deren Leserumfrage zum Thema „Idol, Ideal, Vorbild?" schrieb ich spontan über meine wundersame und doch so irdische Begegnung mit Wolfgang zu Putlitz, dem so freundlichen, großherzigen und klugen Mann, der über die Jahre so etwas wie mein väterlicher Freund geworden war und es bis zu seinem Tod 1975 blieb.

Nun bin ich es, der versucht, hier ein wenig an seine Memoirenbücher mit eigenen Miniaturen anzuknüpfen.

Danke dem Glück, das nicht immer launisch ist.

Werner Usbeck

Ein Orden und ein Dichter als Streitfall

Information ist alles, und alles ist Information. So oder so, auch in den Konsequenzen. Nie hätte ich gedacht, dass ein einziger Satz zu höchsten Ärgernissen mit den LDPD-Chefetagen von Weimar und Berlin führen könnte.

Es war eine ganz harmlose Information, die mir eine Kollegin am Telefon anbot. Du brauchst doch immer etwas für deine Rubrik „In einem Satz" links oben auf der Lokalseite? Nachdem ich bejahte, gab sie mir den Satz per Telefon durch, und ich platzierte ihn so auf der Seite: „Mit der Ernst-Moritz-Arndt-Medaille wurde der Rektor der Medizinischen Akademie Prof. Dr. med. habil. Werner Usbeck (1920–2007) ausgezeichnet." Weiter nichts, ganz normal und vermeintlich harmlos für das Mitglied zahlreicher internationaler Fachgremien.

Am nächsten Morgen wurde aus der sonst eher sachlichen und meist kameradschaftlichen Stimme meines Chefredakteurs ein aufgeregtes „Sie sind wohl von allem guten Geistern verlassen, die Ernst-Moritz-Arndt-Medaille an den Rektor. Unglaublich. Berlin hat schon angerufen. Das hat Konsequenzen für Sie als Bezirksredakteur!" Eigentlich waren wir seit Jahren per Du, doch schien das angesichts der „Ungeheuerlichkeit" völlig vergessen. „Aber ich habe doch die Nachricht aus sicherer Quelle" entgegnete ich, schon mit leichtem Grummeln und dennoch Unschuldsbewusstsein in der Stimme. „Wissen Sie, wofür diese Medaille verliehen wird?" fragte es aufgeregt aus dem Hörer. „Keine

Ahnung" flötete ich zurück. Die gedehnte Antwort kam sofort: „Für Verdienste um die Wiedervereinigung Deutschlands. Sie haben zu wissen, wofür man in der DDR ausgezeichnet wird". Ich antwortete vorsichtshalber nicht, wusste aber aus einem Handbuch, dass es im Lande weit über 200 Arten von Orden, Medaillen und Ehrenzeichen gab. Plötzlich wurde der Hörer in Weimar aufgelegt, kein vertrautes „Auf Wiederhören", und ich war mit meinem vermeintlichen Besserwissen allein.

Zugegeben, ich war verärgert, und mein Magen auch. Irgendwie ging es mir nicht gut. Ich telefonierte umgehend bei meiner Informandin, die ihren Satz bestätigte. Doch, das würde nicht reichen, also fuhr ich mit der Straßenbahn in die Medizinische Akademie Erfurt (MAE), über die ich seit Jahren in verschiedenen Beiträgen mit Professoren und Klinikdirektoren im Gespräch war und hatte Glück, dass der Sekretär des Rektors in seinem Zimmer saß. Freundliche Begrüßung wie immer und dann für mich die Frage aller Fragen: „Stimmt es, dass Magnifizenz die Ernst-Moritz-Arndt-Medaille verliehen bekommen hat?" Der Sekretär zögerte keinen Moment: „Das stimmt, kürzlich und sogar in Gold." Nun war ich gleichermaßen irritiert wie beruhigt. Doch: Ich hatte nachgesehen, in Gold gab es sie doch gar nicht. Der Sekretär bemerkte, dass mir irgendein wichtiges Detail fehlte. „Nun", ergänzte er „es ist die Ernst-Moritz-Arndt-Medaille der gleichnamigen Universität in Greifs-

wald, und verliehen wurde sie von der medizinischen Fakultät für die Leistungen des Rektors als hervorragender Chirurg." Usbeck war Ordinarius für Chirurgie. Er galt als durchsetzungsstark und leitete die MAE Erfurt hierarchisch und patientenorientiert.

Das war's. In der Redaktion griff ich sofort zum Telefon, um meinen „Erfolg" zu genießen. Noch ehe der Chef etwas sagen konnte, platzte ich heraus: „Usbeck hat die Medaille tatsächlich bekommen als Ehrung der Uni Greifswald für sein Wirken als Chirurg in Erfurt." Wenn ich jemals ein Gefühl des Friedens am Fernsprecher hatte, dann in diesem Moment, denn, gleich zwei Steine fielen von zwei Herzen –

einer in Erfurt und einer in Weimar und vielleicht ein dritter im fernen Berlin.

Gleichwohl hatte mein Chef insofern recht, dass besagter Orden nur bis 1975 verliehen und dann durch die Ehrenmedaille der Nationalen Front abgelöst wurde. Die Einheit Deutschlands freilich sollte erst ein paar Jahre nach meinem Disput wirklich werden.

Anzumerken ist, dass die DDR und die BRD Sonderbriefmarken für diesen Schriftsteller edierten, der zwar als wichtiger Vordenker des deutschen Nationalismus, aber auch teilweise als Antisemit angesehen wird.

Carl Götze

Eine DMV Rennwagen ... wagen
Eigb. Baujahr 1928 · 15 PS bei 743 ccm
mit seinem ältesten noch aktiven Fahrer (77) u. Reporter zur Halleresie mobile 1969
und wieder ge... Auf Wiedersehen ... 197- NBI 22/69

Der Schrecken vom Gabelbach

Die schönsten Erinnerungen sammelt man oft nur zu zweit. Beispiel: Meine Bekanntschaft mit dem Schrecken vom Gabelbach. Das meinte kein Naturphänomen, sondern ein rein menschliches, nämlich einen Mann und Autorennfahrer, der mit seinen zahlreichen Erfolgen und Preisen zur lebenden Legende wurde: Carl Götze (1892–1977). Ich wollte mehr von dem damals 77-Jährigen wissen und besuchte ihn, einen der ältesten aktiven Oldtimer-Rallyefahrer Deutschlands, in seinem Langewiesener Zuhause.

Eigentlich sollte es für einen Zeitungsartikel und irgendwann das Motor-Jahrbuch um den Geruch von Benzin und einen Senior gehen, der seit 1918 seine Fahrerlaubnis hatte und 1933 beim Schleizer-Dreieck-Rennen in der Klasse bis 1.100 ccm siegte. Doch es wurde mehr, der Beginn einer Freundschaft zu einem großartigen Sportler und dessen liebevoller Ehefrau Else, die er selbst in meinem Beisein mit frohem Lachen immer mal wieder sanft auf den Hintern tätschelte. Es war eine über 50-jährige Liebe, wie ich nie eine herzlichere erlebte. Vielleicht lag es auch daran, dass beide ein mitunter entbehrungsreiches Leben zwischen Kneipe und Porzellanmalerei, Rummelplatz und Büro, Erfinderwerkstatt und Rennstrecke irgendwo im Lande verband. Und auf der Rennbahn, da war er der umjubelte Star aus dem Thüringer Wald, der Meister im Ballonverfolgungsfahren 1925, für den sich sogar der große Rudolf „Karratsch" Caracciola interessierte.

Dieser Carl wäre vielleicht doch im Mercedes-Rennstall gelandet, hätte nicht Else den gefährlichen Überschlag beim Radisbrunnenrennen miterlebt, als ihr Gatte einfach Schwein im verunglückten Wagen an der Strecke hatte.

Später ging Götze es etwas ruhiger an. Er wollte doch noch oft am Volant seines blau-weißen BMW Sportwagens des Baujahrs 1928 sitzen. Mit seinen vier Zylindern und 15 PS brachte er es auf gut 100 Stundenkilometer bei sieben Litern Verbrauch. Er saß über die Jahrzehnte immer hinter diesem und den Lenkrädern weiterer Veteranen. Mehr als 1,7 Millionen Kilometer war er gefahren, 38 Mal um den Erdball, mit und ohne Haarnadelkurven. Bald schon mit der Nummer 600 als beim ADMV registrierter Veteranensportler.

Und einmal im Sommer 1969 – das Wetter hatte sich schön gemacht – saßen wir zusammen im mit Plakettengürteln üppig geschmückten Stahlleib des BMW bei der Rallye Hallensia Mobile. Ein Farbfoto aus der „Neuen Berliner Illustrierten" erinnert an unsere Tour Langewiesen–Halle–Rundkurs–Langewiesen. Carl war nicht zu bremsen, nicht mit dem Streckenplan im Auto, nicht beim abendlichen Tanzen zum Rallyeball. Das Bier wurde warm, weil er keine Runde mit wechselnden Damen ausließ. Immer klemmte seine kaltgewordene Zigarre wie bei Egon Ohlsen im Mund, der so herzhaft lachen konnte – auch als wir vor dem Interhotel Stadt Halle einen Platten hatten und uns die begeisterte Menge im Wagen anhob, um das Ersatzrad vom Heck auf

die Radnabe zu schrauben. So war das damals – ein wundervoller Tag mit Rückfahrt im Regen im Dunklen. Carl hatte es eilig zu Else zu kommen und warf ein am heißen Motor angebranntes Stück Teppich mal eben während der Fahrt auf die nasse Straße. Ihn schienen solche Störungen nichts auszumachen.

Wir sahen uns noch viele Jahre in Langewiesen, redeten über seine Erfindungen wie eine Plastikfalle zur Gewinnung von Bienengift, über Briefmarken oder Autos und ließen uns von der die Kreuzworträtsel liebenden Else bekochen. Er erzählte und ich hatte Lust, den Worten aufmerksam hinterherzulaufen. Über Stunden fühlten wir uns aus dem Alltag herausgehoben. Als mir Carl irgendwann seinen zweiten BMW-Oldie versprach, wusste ich nicht, was ich vor Freude sagen sollte. Er wollte ihn noch technisch selbst reparieren, dann stände er für mich immer in seinem Garagenschuppen, und wir könnten dann sogar mit zwei Autos …

Jener langgezogene Schuppen auf freier Wiese freilich war aus Holz und ging eines Tages in Flammen auf. Jugendliche hatten in der Werkstatt mit den Autos und Motorrädern geraucht… Am nächsten Morgen erwarteten Carl – von der Feuerwehr aufgereiht – verrostete Autos. Er rief mich an; ich fuhr sofort hin. Er bat mich um ein paar Schrottfotos, doch dann sah ich meinen greisen Freund zum ersten Mal weinen. Carl Götze hat die Brandnacht nie verwunden, so wie der Krebs diesen wundervollen Menschen wenig später in die Anderswelt entführte. Das Leben war ausgegangen ohne die ewige Zigarre, aber bestimmt in der Gewissheit, dass dort seine Else auf ihn wartete, die schon ein paar Jahre zuvor angekommen war.

Ein Gedanke kam mir in den Sinn: letztlich ist auch das Dingliche zum Verschwinden gedacht; die Erinnerungen aber bleiben, vor allem die angenehmen.

Iris Berben
Robert Atzorn

Ein Mann für meine Frau

Es geschah in den frühen Zeiten der deutsch-deutschen Neugierde. Beinahe jeder Einladung, die irgendwie fürs Feuilleton der TA goutiert wurde, gingen wir nach. Dienstreisen in den Westen waren begehrt, zumal für mich, der ich nie dorthin starten konnte. Also kam ich im Frühjahr 1993 in Köln am Rhein an. Immerhin: Einladung zur Pressekonferenz im Hyatt Regency Hotel. Gings noch vornehmer? Gesprächspartner waren zwei vielbeschäftige, beliebte Film- und Serienschauspieler: Iris Berben (geb. 1950) und Robert Atzorn (geb. 1945). Grund war der Amüsierstreifen „Ein Mann für meine Frau" im ZDF.

Für mich begann das Erlebnis schon vorher, als zwei dunkle Limousinen hielten und mehrere Herren entstiegen. Ich sah einmal hin und noch einmal, dachte, das ist doch… Er war es, Cliff Richard, eskortiert von zwei Männern. Bodyguard, tippte ich und grüßte mit der rechten Hand auf drei, vier Meter und meinem neugierigen

Gesicht. Cliff hob auch kurz seine Rechte und legte noch ein Lächeln in meine Richtung drauf. Im Foyer warf ich einen letzten Blick auf ihn an der Rezeption und eilte dann die Treppen hinauf.

Eine Pressefrau begrüßte mich herzlich unter gut einem Dutzend Kollegen. Ich war wieder einmal der einzige Journalist aus dem Osten. Vorstellungsrunde. Ich sagte nur: „Thüringer Allgemeine Erfurt". Irgendwer wollte es offensichtlich genau wissen: „Ist das eine große Zeitung?" Meine Antwort kam prompt und selbstbewusst mit geheimster Verlegerangabe: „Ja, 300.000 Exemplare." Das überzeugte. Keine Frage mehr in der Medienrunde.

Später in einer Ecke des Salons war ich allein mit Iris Berben, der Phantasiefrau im schwarzen Hosenanzug. Sie kannte die DDR schon vor deren Fall, war mehrfach dort gewesen, auch für den Film, „Karambolage", in dem sie 1987 eine Ostfrau spielte. Sie hatte ihren Sohn nach Dresden, Leipzig und Berlin mitgenommen. In Thüringen war sie damals nicht gewesen. „Sie haben den Osten für sich entdeckt?", fragte ich die 43-jährige Frau mit den vielen Gesichtern. Sie bestätigte und nannte einen neuen Film auf Rügen: „Dort spiele ich zum vierten Male eine (ehemalige) DDR-Frau – eine reife, hart arbeitende Bildhauerin, die sich in einen jungen Mann verliebt." Vielleicht klingt es kokett, doch in jenem Erzählmoment berührte sie für einen Augenblick meine Hand mit dem Kugelschreiber. Ich beschloss für mich, diese heute nicht zu waschen…

Daraus wurde freilich nichts, denn, schon etwas später drückte meine Hand jene von Lehrer Dr. Specht bzw. Robert Atzorn, den ich in dieser Rolle eines Unorthodoxen über die Jahre (1992–1999) als einer von 3,8 Millionen Zuschauern in 70 Folgen sehr gern erlebte. Der bekennende Genussmensch und Spielpauker zwischen Celle und Potsdam gab in besagter Montagskomödie einen verheirateten Mann auf Abwegen mit seiner Geliebten, die damals von dem leider früh verstorbenen Publikumsliebling Jennifer Nitsch gegeben wurde.

Themenwechsel. „Stört es Sie, dass manche Pädagogen heftig gegen den ‚Schimanski der Lehrer' polemisieren?" Atzorn, der nach der Wende die Atmosphäre in einer Ostschule kennengelernt hatte, entgegnete: „Ich liebe die Serie so wie sie von Kurt Bartsch, der ja in der DDR großgeworden ist, geschrieben wurde. Er wie ich hatten keine guten Schulerfahrungen, und wir kennen viele gestörte Leute, die in der Schule gelitten hatten." Im Übrigen, so meinte er, könnten sich ja die Lehrer auch für die Specht-Seite entscheiden und sich nicht wie etwa der gruselige Lateinlehrer Dum(m)beck benehmen. Immerhin: Bartsch habe eine Serie mit Verständnis für alle Seiten geschaffen.

Während ich die nicht nur im TV sondern auch politisch engagierte Iris Berben zwei Jahre später noch einmal persönlich in Gera beim Festival des Goldenen Spatzen mit „Rennschwein Rudi Rüssel" traf, sah ich den Sympathieträger Robert Atzorn nur noch auf Schirm und Leinwand, bis er sich 2017 zu Rente und Yoga verabschiedete. Blieb nachzutragen, dass der Film „Ein Mann für meine Frau" – ein Remake des gleichnamigen Streifens von 1943 – den Zuschauern doch ein eher biederes Erlebnis bescherte.

Es waren die späten Zeiten der deutsch-deutschen Neugierde.

Werner Schubert-Deister

Wettessen mit einem Maler

Fest steht, dass ich mein journalistisches Leben gelegentlich als kreatives Vagabundieren empfand, denn ich wechselte besonders gern die Lokalredaktionen. Ein Anruf meines TLZ-Chefredakteurs genügte, und ich trat in Weimar, Suhl, Erfurt, Eisenach oder Gotha an. Die Jahre in Gotha auf dem Buttermarkt waren wohl die besonders intensivsten. Zum einen gastierte ich in jener geschichtsträchtigen Stadt, die dank derer von Sachsen-Coburg und Gotha gleich mit 15 Königshäusern verbunden war, zum anderen genoss ich die wunderbare Freundschaft mit meinem Stellvertreter Klaus Simmen und dessen liebevoller Familie in (Bad) Tabarz, die mir nach der häufigen Waldbahnfahrt bei Dienstschluss zu einem besonderen Zuhause wurde.

Klaus kannte sich rund um den Inselsberg aus wie in seiner Westentasche. In Blicknähe zu Wald und Café Deysingslust, FDGB-Ferienheim "Theo Neubauer" und Waldbad erlebten wir ungeteilte Stunden der Freude. Es war an einem Sommertag um die Mitte der 1970er-Jahre, da hatte er einen Maler, Grafiker und Bildhauer in den wohl fünfzehnköpfigen Freundeskreis eingeladen. Den Künstler kannte ich nur von seinen Schauwänden aus Holz etwa in Gotteshäusern und einigen Grafiken in der später verbotenen Erfurter „Galerie im Flur": Werner Schubert-Deister (1921–1991). Kurzentschlossen war er mal wieder aus Friedrichroda herübergekommen, das Schifferklavier locker über die Schulter gehangen. Auf den Kopf saß die dunk-

le Baskenmütze. Es gab Bier, Bratwürste und Nordhäuser Doppelkorn. Trotz warmer Temperaturen hatte Werner – wie er bekannte – lange Unterhosen an, Motto: man weiß

Staatliche Museen Sondershausen

Galerie im Schloß

Werner Schubert

— Malerei und Grafik —

vom 19. 7. 1991 — 1. 9. 1991

Dienstag · Sonntag 9.00 · 12.00 und 14.00 · 17.00 Uhr

ja nie. Der Maler entzauberte seinen Balgen mitten auf der Gartenwiese keine blödelnden Biergesänge, sondern spielte Bach, nicht gerade aus dem wohltemperierten Klavier, dafür frei interpretatorisch munter aus der Hüfte heraus auf seiner Quetschkommode. Es waren Augenblicke absoluter Freude und zudem noch traditionsbewusst. Soll es doch der Friedrichrodaer Christian Friedrich Buschmann gewesen sein, der die Mund- und Ziehharmonika erfand…

Schubert-Deister – studierter Pianist – war ein selbstbewusster Mann, dem es im Alltag mit großer Mühe gelang, sich irgendwie zwischen Anpassung und Widerstand zu bewegen. Er gehörte zum Künstlerkreis von Gerhard Altenbourg, Alfred T. Mörstedt, Philip Oeser und Kurt W. Streubel – den „großen einsamen Alten der Thüringer Szene" (Ulrike Lorenz). Wohl Mitglied des Verbandes Bildender Künstler der DDR, war er keiner der mitunter gehätschelten Akteure ob seiner diskursiven, überwiegend abstrakten Werke. In der Subkultur hingegen waren seine Arbeiten zwar sehr gefragt, doch reichten ihm die Honorare kaum zum Lebensnotwendigen. Dabei experimentierte er auf Teufel komm raus mit Holz, Metall, Stein und Textil und schuf u. a. ein Grabmal für den Erfurter Weihbischof Freusberg. Mangels Geldes für Leinwände malte der unangepasste Künstler oft mit Nitrofarben auf Hartfaserplatten. Picasso und Klee waren ihm Anreger für seine psychologisch-philosophische Bildkunst, die er kryptisch „Gehirnfelder" oder „Zentrales Nervensystem" benannte. Immer galt sein stolzes Credo: „Ich fress keinem aus der Hand!"

An jenem Nachmittag waren wir ein ausgelassenes Häufchen. Als die Doppelkornflasche auf Halbmast stand, kam irgendwer auf die glorreiche Idee eines Bratwurst-Wettessen zwischen Schubert-Deister und mir. Bedingung: kein Brötchen, kein Bier, nur Schnaps zum Nachtrinken. Zwei Urthüringer verkraften schon etwas, doch nach fünf, sechs Würsten und scharfen Schlucken aus der Flasche wurde der Appetit doch heftig gebremst. Wir aßen langsam und bedächtig, herunterschlingen wäre uns nicht gut bekommen. Am Ende tranken wir noch einmal Brüderschaft, und der Maler wurde zum Sieger erklärt. Ein wenig fühlten wir alle uns wie beim lustvollen Picknick im Freien bei Claude Monet. Es gab Beifall für die Aktion, auch wenn sich die Zahl der verbliebenen Würste deutlich reduzierte. Leider war kein Fotograf zur Stelle, dafür aber Schubert-Deisters Stift, mit dem er mich auf die Schnelle zu porträtieren gedachte und auf ein zweites Blatt meinen Namen in jugendstiligen Strichen zum Tanzen brachte. Zwei Bleistift-Originale, die ich bis auf den Tag hüte.

Unserer weiteren Begegnungen waren selten. 1986 schließlich verließ der große Einsame samt Familie die DDR mithilfe der UN-Menschenrechtskommission in Richtung Hildesheim – in die „Rübentaiga". Zu seinem 90. Geburtstag schrieb ich letztmalig über ihn. Es war eine Werkschau in Sondershausen. Schubert-Deister, der an seiner Zeit verzweifelte, wäre bestimmt entspannt durch die ihm bereiteten fünf Schlossräume gezogen.

Gunda Köhler-Scharlach

Swjatoslaw Richter

Katharina Treutler

Drei Virtuosen am Piano

Alles, was wir haben, sind Worte, Bilder – und Töne.

Irgendwo las ich, dass Thüringen das Land sei, wo jeder Bauer Musik kennt. Große Namen fielen mir ein: Bach, Liszt, Spohr, Böhner, Pachelbel, Cilenšek usw. Dass eine Weimarer Hochschule den Namen Franz Liszt trägt, war da nur konsequent. Dort begegnete ich ausgangs der 1960er-Jahre Gunda Scharlach, einer jungen Pianistin, die gerade ein Sonderstudium am Moskauer P.-I.-Tschaikowski-Konservatorium absolviert hatte und nun in fließendem Russisch einem Studenten namens Nicolai über die Tücken der Klaviatur oktavenweise hinweghalf. Ich erfuhr von ihren eigenen großen Hoffnungen, nicht ahnen könnend, dass sich jene erfüllen sollten. Dem Aufschreiben folgte damals abschließend der Wunsch auf ein kleines Vorspiel. Sie erfüllte ihn spontan und gern mit der „Bilderetüde" von Sergej Rachmaninow…

Ein paar Jahrzehnte später, im Juni 2009, wurde Prof. Gunda Köhler-Scharlach die Ehre zuteil, im Saal der Brüdergemeine zu Neudietendorf am frisch restaurierten Bechstein-Flügel erstmals öffentlich zu spielen. Nach Beifall und Blumen sprach ich sie an. Sie registrierte mich aufmerksam und doch etwas ungläubig: „Ich bin jener Reporter, der Sie vor langen Jahren als erste Pianistin und Künstlerin seines Lebens interviewen durfte. Sie haben mir damals die ‚Bilderetüde' vorgespielt." Überrascht erhob sich die blonde Frau im kurzen Blazer und mit langem türkisfarbenem Rock vom Klavierschemel, und dann war da nur noch gegensei-tige Freude über ein unverhofftes Wiedersehen und jedem seine Erinnerung an Vergangenes. Eine Einladung zum Kaffee in ihre idyllisch am Wald gelegene Wohnung sollte folgen. Das Klavier freilich stimmte sie an jenem Nachmittag nicht an. Dafür erfuhr ich von ihrer Publikation „Tochter aus Elysium" sowie vom Werden und der Uraufführung von Beethovens Neunter. Es sollten freilich noch ein paar E-Mails folgen.

Einen begehrten Weltkünstler lernte ich 1971 mit dem deutschrussischen Swjatoslaw Richter (1915–1997) kennen, einem begnadeten Solisten, der oft im Mittelpunkt internationaler Festivals stand, immer wieder ausgezeichnet wurde und in Erfurt Werke von Franz Schubert bis Claude Debussy interpretierte. Schon als kleiner Junge begeisterte mich Klaviermusik, die original ins Ohr ging, weil der Ton im Gegensatz zur Malerei eben keine zweite Chance zu wirken hat. Im Konzert erlebte ich einen Tastenmagier, dessen Finger scheinbar über die Klaviatur schwebten, immer wieder den höchsten Ausdruck suchend, einen Mann, der irgendwie mit dem Instrument verwachsen schien. Und ich dachte an das, was ich einmal las, dass der große Franz Liszt derart kraftvoll in die Tasten eines Hammerklaviers gehauen hat, dass es danach nicht mehr bespielbar war… Anders freilich Swjatoslaw Richter.

Vor jenem Abend hatte ich den Anruf eines befreundeten Portiers aus dem Interhotel „Erfurter Hof" bekommen,

Konzertsaison
1971/72

Stunde der Musik

Swjatoslaw Richter
Klavier, Sowjetunion

nach dem Richter dort einen Tisch bestellt hatte. Als auch die begleitende Konzert- und Gastspieldirektion keinen Einwand erhob, durfte ich den Meister auf ein kleines Gespräch bitten, wohlwissend, dass er nur selten Journalisten empfing. Dort lobte ich sichtlich aufgeregt sein virtuoses Spiel und das sichere Stilgefühl, da lächelte der uneitle Mann mit dem ernsten Gesicht. Er sagte von sich, dass er liebe, was immer er spielt. Besonders schwierig sei Wolfgang Amadeus Mozart für einen akribischen Künstler wie ihn, der stets nach dem Maximum des Möglichen beim Spielen suchte.

Richter nahm einen Schluck Rotwein, prostete mir zu und erzählte aus seiner ukrainischen Heimat. Dort trat er schon mit 15 Jahren im Odessaer Opernhaus im Orchester auf, bevor er nach 1945 rund um den Globus zu Konzerten gastierte. Ich hatte auch insofern Glück, dass ihm das Russische und das Deutsche schon von der Herkunft seiner Eltern her vertraut waren. Also bedurfte es keines Dolmetschers und nicht meiner vergleichsweise stolpernden Russischkenntnisse.

Sein schwungvolles Autogramm mit Notenschlüssel im Programmblatt des Abends erinnert mich an die denkwürdige Begegnung mit einem Menschen, der seine Zuhörer einmal mehr so wundersam zu berühren wusste. Als 2005 das Buch „Swjatoslaw Richter. Mein Leben, meine Musik" nach persönlichen Gesprächen und 30 Jahren Tagebuch erschien, las ich, dass zu diesem großartigen Pianisten des 20. Jahrhunderts auch sein häufiges Schweigen gehörte. Umso stolzer war ich über jene abendlichen persönlichen Augenblicke an seinem Tisch in meiner Heimatstadt.

Gibt es das? Zu zweit allein zu sein mit der Musik für diese Welt? Das gibt es. So geschehen an einem Sommertag im Herzen und über den Dächern Erfurts – vis-à-vis der Predigerkirche. Ich war eingeladen bei einer in dieser Stadt geborenen jungen Pianistin: Katharina Treutler. Die prinzessinnenartige Blondine in Schwarz verbeugte sich vor mir wie seinerzeit vor 1.700 Zuhörern im Concertgebouw Amsterdam, um ihr neuestes Programm mit Blick auf die Tournee vorzustellen. War dieses 1:1-Konzert jetzt Wirklichkeit und tatsächlich ein nachträgliches Geburtstagsgeschenk? Wie lange zurück lag doch jener Rundruf, mit dem sie ihr Publikum einst per Telefonbuch erstmals in den Rathausfestsaal eingeladen hatte. Für gut eine Stunde gehörte die Klaviatur nun ihr und mir und natürlich Franz Liszt oder Sergej Prokofjew. Augen und Ohren waren zu einer Verführung eingeladen, bei der ihre Finger nur so fliegen konnten, feinfühlig und doch kräftig über die zu belebenden Tasten. Es war ein lustvolles Spiel – einfach brillant. Ich lauschte einer virtuosen Steinway-Artistin. Es war, als würde sie jeden angeschlagenen Ton atmen und dabei in sich hineinhorchen. Sie spielte auswendig. Dies vor mir wie zuvor in Israel, den USA, auf Zypern, in Europa usw. Ich wurde Zeuge ihres leidenschaftlichen Anschlags und empfand ihn wie eine Liebeserklärung an die gewählten Komponisten. „Mit sieben Jahren habe ich begonnen, Klavier zu spielen", so erinnert sich die vielfach mit ersten Preisen Ausgezeichnete und einem Masterabschluss in Paris.

Dann hatte ich wieder einen Wunsch frei. Und jenen erfüllte sie traumverloren mit dem Präludium in h-Moll von Johann Sebastian Bach und Alexander Siloti. Es war das Eintauchen in eine Welt über die räumlichen Grenzen des intimen Konzertortes hinaus. Ich zeigte mich aufgewühlt und war sicher: mit dem neuen Programm wird ihr die Welt zuhören und so gewiss dem Mysterium ihrer Tastenkunst verfallen – wie ich allein an diesem Sommertag des Jahres 2019.

Werner Tübke

Heimlich wurde ein Tübke abgehangen

Namen sind Nachrichten, gerade auch in der Kunst. Bei Professor Werner Tübke (1929–2004) denkt man wohl als erstes an sein über elf Jahre mit 3.000 Einzelfiguren entstandenes monumentales Wandbild zur frühbürgerlichen Revolution im Panorama Museum von Bad Frankenhausen – die Sixtina des Nordens. Schönheit und Tragik vereinen sich im Werk dieses begnadeten Altmeisters des Manierismus faszinierend. Vor einigen Jahren saßen wir nahe beieinander auf der Couch in der Privatgalerie des Erfurter Druckers Ernst Zimmermann und redeten über die Kunst und seine Erinnerungen an Sizilien. Tübke schwelgte: „Ich habe Italien siebenmal mit dem Baedeker unterm Arm bereist, und dabei ging mir die Seele auf."

Jahre später wäre unser Dialog wohl alles andere als unbeschwert abgelaufen. Allein seine Frau Brigitte hätte in der ihr gewohnten direkten Art verbal losgelegt. Wurde doch aus dem Thüringer Landtag ein Skandal bekannt. Eine aufgeregte Stimme am Telefon hatte mich eines Vormittags des Jahres 2006 aktuell in der Kulturredaktion der TA informiert: „Heute wurde eines der 150 Werke von Werner Tübke auf Wunsch der Stasi-Beauftragten Hildigund Neubert im Auftrag der Landtagspräsidentin Dagmar Schipanski heimlich abgehängt." Die Stimme am anderen Ende der Leitung überschlug sich fast. Das Wort Verfassungsbruch machte die Runde. Und dies ohne die Kuratorin Bärbel Reuter oder den Leihgeber Gerd Lindner vom Panorama Museum zu informieren.

Wir waren die ersten, die den Vorgang meldeten. Was folgte, würde man heute einen Shitstorm nennen. Ziel der Aktion war die Radierung „Faschistischer Terror, Ungarn 1956" vor der Neubert „den Landtag schützen wollte". Nach ihrer Meinung wurden auf dem Blatt die „Toten und Inhaftierten des Volksaufstands diffamiert". So kam es, dass statt der Gewaltdarstellung nun eben die Grafik „Vorsaison an der Ostsee" die Leerstelle der Wand irgendwie zu füllen hatte. Lindner erregt: „Das war Willkür gegen einen der namhaftesten deutschen Künstler des 20. Jahrhunderts." Klar verwahrte sich die selbstherrlich und wohl auch etwas ängstliche entscheidende Schipanski gegen den Zensur-Vorwurf: „Das Werk entspricht nicht dem in unserem Parlament vertretenen demokratischen Geschichtsbild."

Im Ergebnis gab es Proteste, aber ebenso Zustimmungen über den einmaligen Bilderskandal in der Landeshauptstadt. Wir fragten im Text: Wollte Tübke wirklich jene Rote Armee bildlich verherrlichen, die ihn 1945 inhaftierte, oder war er nicht ein Mensch, der jegliche Gewalt ablehnte? Ganz bewusst hatte der sich selbst als Maler mit der roten Kappe Porträtierende damals eine christliche Bildsprache mit surreal-düsteren Neigungen gewählt. Jenes verschlüsselte Agieren hatte man ihm schon 1957 an der Leipziger Hochschule für Grafik und Buchkunst vorgeworfen und ihn vorübergehend entlassen. Tübke, der Bildmagier, zu seinen damals inkriminierten Werken: „Es ist reines l'art pour

l'art (Kunst für die Kunst). Reiner und unbefleckter geht es gar nicht." Dies galt auch für die Erfurter Ausstellung. Was war das für eine Erbpflege, die eine Arbeit nur so aus dem Werkkontext herauslöste? War es nicht zugleich die Bewertung für einen Künstler aus der damaligen DDR und dessen dort sowie international bis zur documenta anerkanntes Schaffen?

Es gehört zur Ironie dieses Geschehens, dass die Weimarer Galerie profil die abgeurteilte Radierung parallel für 950 Euro zum Kauf anbot. „Nach 16 Jahren Wiedervereinigung sind wir mündige Bürger […], in dem wir unseren eigenen Augen und Verstand vertrauen", kommentierte die Galeristin Elke Gatz-Hengst.

Im Interview auf der Couch bekannte Tübke an jenem Vormittag: „Ich bin meist mit meinen Partnern klargekommen und kann mich an kein Korsett erinnern. Man wusste ja, wen man sich mit mir für bestimmte Aufgaben ausgesucht hatte." Im Wissen um den Erfurter Skandal wäre sein Resümee über den Partner Thüringer Landtag gewiss anders ausgefallen.

Schlechte Laune habe ich bloß
Sonnabend und Sonntag, da darf
ich nur vormittags arbeiten.

(Werner Tübke)

Beate Uhse

Beate Uhse

Für
Wolfgang Lieblings
Beate Uhse
19. 2. 90

Marketenderin der Kissenschlacht

Ein Mann soll auch mal mutig sein. Ich gab diesen Mann im Oktober 1989, als ich einen Brief an die „Marketenderin der Kissenschlachten" – wie der „Spiegel" Beate Uhse (1919–2001) einmal nannte – schrieb und um ein persönliches Interview bat. Nie hätte ich an eine spontane Antwort gedacht, geschweige denn, dass der Brief aus Erfurt überhaupt in der Flensburger Lustzentrale eintraf. Wir lebten ja noch im Zweiweltendeutschland. Doch dann kamen die Antwort und die Einladung nach Flensburg. „Die Kosten bei uns übernehmen wir", versicherte die Pressesprecherin, die Fahrkarte zahlte meine Redaktion.

Um es vorwegzunehmen: Auf dem Bahnhof in Flensburg mit einem winkenden Uhse-Journal empfangen waren es zwei unvergessliche Tage. Ich sollte der erste Journalist aus der DDR sein, dem die „Orgas-Muse" („Stern") ihr Unternehmen in der Sechs-Eck-Residenz und sogar ein wenig ihr Herz öffnete. „Sie können mich fragen, was sie wollen", empfing mich die zierliche 70-Jährige mit den hellen, kurzen Haaren in Büro mit dem goldenen Penis auf einem Schrank und ahnte wohl, dass ich als Redakteur aus dem Osten doch eher zurückhaltend war. Na klar wusste ich von ihrer Fliegerkarriere, von Kriegsgefangenschaft und dem Bombeninferno, aber auch, wie klug sie ihren Sohn und sich über Wasser zu halten verstand, in dem sie die Knaus-Ogino-Verhütungsmethode auf der geborgten Schreibmaschine abtippte und dann vieltausendfach ge-

druckt unter die Frauen und Männer brachte. Denn: Kondome waren nicht zu haben.

Später kamen Liebesbücher, Sexspielzeug, Dessous, Filme, Videos und ein TV-Kanal hinzu. Wir tranken friesischen Tee, aßen Plätzchen und sprachen wie selbstverständlich über Aufklärung und fallende Hüllen, aber auch von jenen Hunderten Prozessen, die diese Frau mit dem langen Atem in den prüden Jahren der BRD zu gewinnen wusste. So kam das Wirtschaftswunder auch zu ihr, und es entstand jenes später sogar mit Aktien agierende Unternehmen. Zwei Tage nach dem Mauerfall verteilte sie eigenhändig 25.000 Kataloge an DDR-Bürger. „Die DDR wollen wir schnell einbeziehen mit Sex und Erotik und nehmen Ostmark 1:3", so versicherte die Unternehmerin und bot mir an, selbst einen Laden im Thüringischen zu eröffnen mit bis zu 6.000 Erzeugnissen. „Sie dürfen mich dann auch beim Vornamen nennen, wie alle meine Mitarbeiter." Es sollte beim Sie bleiben. Dafür erfuhr ich manches über ihre Art zu lieben – allein oder mit ihrem dunkelhäutigen Liebhaber.

„Ich möchte gern das Jahr 2000 erleben", bekannte sie zu mir ausgangs der dreistündigen Audienz. Dies wiederum gelang ihr, doch schon im Sommer 2001 verstarb die unbeugsame kleine Frau mit 81 Jahren. Sie, die neben Sex auch Kopfstand, Tauchen und Golfen sowie ihre Enkel liebte, erlebte nicht, dass die Aktien aus schwindelnder Höhe abstürzten und das Online-Geschäft für viele ihrer Läden das

Beate Uhse
Aktiengesellschaft

Abs. Postfach 29 55 · D-2390 Flensburg

**Beate Uhse Aktiengesellschaft
Gutenbergstraße 12 · Postfach 29 55
D-2390 Flensburg**
Telefon (0461) 9966-0
Telex 17-461307
Teletex 461307 — Beate
Telefax/Telecopy (0461) 98613
BTX * 69696 #
Bankverbindung:
Deutsche Bank Flensburg
Kto.-Nr. 4181400
BLZ 215 70011

Telefax
(0461) 98265

Herrn
Wolfgang Leißling

Ihr Schreiben	Ihr Zeichen	Unser Zeichen	Datum
		hi/pö	13.06.90

Lieber Herr Leißling,

ganz besonders herzlichen Dank für die Übersendung der Wochenpost. Ihr Bericht ist einfach toll; wir sind begeistert. Auch Frau Beate Rotermund hat sich sehr gefreut über Ihre positive Berichterstattung. Im Vertrauen, ich muß Ih-

---

Beate Uhse
Aktiengesellschaft

Blatt   2

Übrigens hat mir die dänische Küste vor einigen Tagen einen Gruß an Sie aufgetragen und läßt sagen, daß man Kaffee und Kuchen jetzt direkt unten im Garten am Wasser haben kann.

Für heute ganz herzliche Grüße aus Flensburg

ganze Großraum stockt. Vieles ist schon weit gediehen, aber konkrete Termine für Ladeneröffnungen können wir zur Zeit nicht nennen, doch auch das kann sich von Heute auf Morgen ändern.

-2-

38

Aktiengesellschaft, Sitz Flensburg, Registergericht Flensburg, HRB 1214
Vorstand: Beate Rotermund (Vorsitzende), Ulli Rotermund, Hans-D. Thomsen, Wolfgang Henning, Gisela Iwersen,
Aufsichtsrat: Uwe-H. Schellig (Vorsitzender), Hans-Peter Kjer, Jens Jensen.

Aus bedeutete. Einen neuen Mann fürs Leben fand sie nach der Scheidung nicht, aber mit ihrem Lebenswerk und dem Buch „Mit Lust und Liebe" Eingang in ein Stück Kulturgeschichte der alten und neuen Bundesrepublik. Was sie wohl dazu gesagt hätte, dass Beate Uhse inzwischen als Dachmarke einer internationalen Unternehmensgruppe firmiert?

PS: Als ich den Beitrag „Die Lust per Nachnahme" für die TLZ geschrieben hatte, durfte dieser weder im Tenor noch in der Länge dort erscheinen. So lieferte ich lediglich eine Kurzfassung für die Spesenabrechnung. Der komplette Artikel hingegen wurde ganzseitig in der „Wochenpost" 1,3 Millionen Mal abgedruckt. Dafür gab es ein Dankschreiben von Beate Uhse („Ihr Bericht ist einfach toll; wir sind begeistert.") und am 19. Februar 1990 ihre in Blau für mich signierte Biografie mit dem Motto: „Erst die Liebe macht das Leben lebenswert."

Fritz Bennewitz

Martin Hellberg

Christoph Nix

Die drei Professoren

Meine berufliche Zukunft sollten von nun an besonders Orte und Menschen sein, also die Welt derer, von denen man in der Zeitung, im Fernsehen oder im Radio oft sprach und die jeder für sich einen berufsspezifischen Durchblick hatten – beispielsweise drei musische Professoren.

Den ersten von ihnen lernte ich im Sommer 1970 kennen: Fritz Bennewitz (1926–1995), damals Schauspieldirektor am Deutschen Nationaltheater im benachbarten Weimar. Schon auf dem Weg ins einst so renommierte Erfurter Schauspielhaus hüpfte mein Herz wie nach einem 100-Meter-Lauf. Ich war angemeldet und schlich mich doch bescheiden ins Parkett, um selbst zu hören, wie auf der Bühne aus einem müßig Handelnden ein tätiger Mensch werden sollte: „Don Carlos". Bennewitz führte Regie bei diesem Drama von Friedrich Schiller. Detlef Heintze gab den Carlos und Hanns-Michael Schmidt den Marquis von Posa.

Erstmals bei einer solchen Probe anwesend zu sein, beeindruckte mich sehr, besonders, wie feinfühlig der kleine, agile Mann mit den kurzgeschnittenen Haaren und wachen Augen die Spieler führte und wie präzise diese ihm folgten. So also gab ein großer Theatermann den Ton an: Wort, Gestik, Gang... Später saßen wir beide am Journalistentisch in einer Nische des „Presseclubs" beim Kaffee. Ich notierte mir seinen Hang zu historischer Eindeutigkeit im Spiel und den unbedingten Humanismus in den Stenoblock. Ich kritzelte schnell und meinte, dass mit dem Regisseur irgendwie auch

der von ihm so verehrte Bertolt Brecht zu mir sprach. Ich war der Hörende, der mitschreibende Lokalredakteur, und mit Bennewitz rückte mir die große Welt der Bühne nahe. Ich hörte von seinen Aufträgen zur Gastregie rund um den Globus zwischen den USA und Indien. New York und Kalkutta schienen mit einem Mal so nahe und doch unerreichbar... Ein bisschen Drang, ein bisschen Sturm machten sich in mir breit. Don Carlos verzehrte sich in nie befriedigten Träumen, ich wollte fürderhin in meinem Beruf die Kunst des Möglichen versuchen...

Sieben Jahre später jagte ein anderer „nur so durch die Welt". Martin Hellberg (1905–1999). Drei Jahre vor unserer Begegnung hatte der Professor in historischer Kulisse als Johann Wolfgang von Goethe mit Lili Palmer „Lotte in Weimar" abgedreht. Schließlich lagen mit „Die bunte Lüge" die Erinnerungen des Nationalpreisträgers und Filmregisseurs im Henschelverlag gedruckt vor. Er hatte mich auf den Bad Berkaer Adelsberg eingeladen, was zu einer Art Empfang geriet. Die Töchter interpretierten vierhändig am Klavier, und seine Gattin sang aus einer Opernpartie. Dann wurde Suppe serviert, und anschließend präsentierte sich Hellberg nach hinten angelehnt auf seiner gemütlichen Couch, die Arme deklamierend ausgebreitet. Ein Interview aber wurde das nicht, dafür erlebte ich wort-, gesten- und gefühlsreiche Deklamationen aus Rollen des prominenten Mimen. Meine Chancen, ein paar Fragen zu stellen, wur-

den immer kleiner, denn die Zeit bis zum Bus verrann wie nichts, und mein Notizblock blieb wenig beschrieben. Dennoch: Ich hatte gespannt seinem Goethe und dem Götz gelauscht und vernahm, dass er sich für das Weimarer Filmspiel um die berühmte Lotte unter Egon Günthers Regie das vordere Kopfhaar rasieren ließ… Ja, es war ein letztlich wunderbarer Nachmittag, an den mich bis auf den Tag sein Buch mit der Widmung „Meinem lieben Hörer (Zuhörer) Wolfgang Leißling, sein schwieriger Martin Hellberg" sowie ein lange Zeit später dessen fotografisches Konterfei als Geheimrat von Goethe mit der Bemerkung „Er ist ein Rezensent" erinnert.

Ein letztes Mal sahen wir uns – einander kurz begrüßend – im Oktober 1981 beim Gastspiel des Wiener Burgtheaters in Erfurt. Da residierte Hellberg nebst Gattin in der Loge, als seiner blonden Begleiterin gar ein Tüchlein aus den Händen entwand und vor den Füßen Michael Heltaus landete. Jener hob es gönnerhaft auf, hielt es küssend an den Mund, und schon wechselten huldvolle Grüße zwischen Bühne und Logenbalkon.

Der dritte kulturvolle Professor, an den ich besonders zurückdenke, war der Jurist, Dozent und Romanautor Christoph Nix (geb. 1954). Jener wurde 1994 als Intendant nach Nordhausen berufen und schrieb über die Wendezeit den Theaterroman „Rabenjagd". Obwohl sich damals Regisseure wie Armin Petras und Horst Havemann die Klinke in die Hand gaben, wurde die Stadt am Harz nicht sein Dorado. Gelegentlich einer Ausstellungseröffnung im Thüringer Landtag saßen wir nebeneinander auf den Treppenstufen, als er mir – nach dem Gang der Dinge in seiner Intendanz befragt – seltsam lächelnd vorschlug, doch die Rollen zu tauschen, ich zum Theater und er auf meinen Platz in der Kulturredaktion der „Thüringer Allgemeine". Ich muss ihn sehr verdutzt angesehen haben, gleichwohl wissend, dass er nicht zuletzt bei der berühmten Gardi Hutter als Clown ausgebildet worden war. In meiner Redaktion wurde nur mild reagiert, als ich tags drauf von dem skurrilen Vorschlag berichtete. Schließlich: Der berufliche Weg von Nix sollte noch von einigen Irrungen und Wirrungen als Impresario in Kassel und Konstanz und anderswo begleitet sein. Bezeichnenderweise begann seine Konstanzer Zeit 2006 unter dem Motto „Reisender ohne Gepäck". Nix ist weitergezogen.

Günter Kunert

Weil Günter Kunert auf den Putz haute

Manchmal ist ein Oberbürgermeister in beneidenswerten Nöten. So das damalige Mainzer Stadtoberhaupt Herman-Hartmut Weyel, als er 1990 bekannte: „Ich weiß nicht, wen wir heute mehr zu feiern haben, den Preisträger oder den Preisenden." Was meinte er damit? Wir waren eingeladen zur Verleihung der Stadtschreiberwürde an den Lyriker und Schriftsteller, Maler und Zeichner Günter Kunert (1929–2019), und an keinem Geringeren als Walter Janka (1914–1994), dem von der DDR geschassten einstigen Leiter des Aufbau Verlages und Dramaturgen, war es, die Laudatio zu halten. Beide Persönlichkeiten gemeinsam zu erleben und mit ihnen von Angesicht zu Angesicht zu sprechen, machte diesen Abend im Hörsaal des Gutenbergmuseums zu einem der für mich nachhaltigsten Erlebnisse in der sogenannten Wendezeit.

Als alle Reden gehalten waren, saß ich mit dem preisüberhäuften und mehrfachen Ehrendoktor Günter Kunert nebst Gattin Marianne gemütlich bei Weißwein und Brezeln. Er habe Janka als Laudator gewählt ob dessen menschlicher Integrität und als einen anständigen Verleger, der 1957 als „Konterrevolutionär" zu fünf Jahren Zuchthaus verurteilt worden war. Jener wiederum würdigte Kunert als einen weder DDR-deutschen noch bundesdeutschen Autor. Kunert und Janka waren einfach „trotzig" und wollten sich „nichts nehmen lassen". Kunert, der sich mit „Abwegen und anderen Verirrungen" bestens auskannte, hatte es freilich einfa-

cher mit seinem Reisepass, den er als DDR-Bürger 1990 gerade bis 1995 verlängert hatte. „Weil ich auf den Putz haute, konnten wir schon 1972 frei reisen."

Doch nach der Ausbürgerung Wolf Biermanns verließ auch er das Land – mit seiner Frau und sieben Katzen. Er, der an jenem Abend die Wiedervereinigung als einzigen Ausweg für die noch existierende DDR benannte, wohnte seit 1979 in einem 100-Einwohner-Dorf namens Kaisborstel unweit von Hamburg. Irgendwann kam Walter Janka an unseren Tisch. Gelegenheit, ihn zu fragen, warum auch er wie Kunert trotz allem Staatsbürger der DDR blieb. Antwort: Er warte erst auf revolutionäre Veränderungen, auf die nationale Einheit. Diese anderen „Erwachsenenspiele" (Titel von Kunerts Erinnerungen, 1997) sollten nach jenem Abend nur noch ein paar Monate auf sich warten lassen.

Kunert und ich trafen uns 13 Jahre später im Landesfunkhaus des MDR wieder. Anlass war eine Lesung bei radio thüringen, Motto: „So und nicht anders". Ich hatte ein besonderes Anliegen, wusste ich doch, dass der Autor von mehr als 50 Büchern nicht nur ein Bilderbeschreiber, sondern auch ein Bildermacher war. „Farbige Etüden" nannte er seine Zeichnungen, von denen 1979 die Mappe „Acht bunte Blätter" mit erotischen Frauen erschien. Ich wollte ihn ein wenig zum Fremdgehen animieren, als ich von unserer Zeitungsgalerie erzählte. Zwar waren es bislang ausschließlich Thüringer Künstler, die zu Bild und Wort

kamen, doch erwuchs in mir aus der Gelegenheit des Wiedersehens gleichzeitig der kühne Wunsch, dass sich als besonderer Höhepunkt der Serie eine Grafik von Günter Kunert darunter befinden könnte. Ich war zwar zuversichtlich über seine Antwort und im Ergebnis doch erstaunt. Denn: Kunert erinnerte sich an unser Kennenlernen seinerzeit in Mainz und antwortete kurzentschlossen und lakonisch wie in seinen Kurzgeschichten: „Warum nicht? Wenn ich alle Einzelheiten dazu weiß, können wir über alles reden. Mal sehen, was meine Frau Marianne dazu sagt."

Was ich vor unserem Gespräch mit dem passionierten Skeptiker nachgelesen hatte: Kunert hatte ab 1946 immerhin fünf Semester Grafik an der im gleichen Jahr gegründeten Kunsthochschule in Berlin-Weißensee studiert. Seine Arbeiten wurden sogar in Zeitschriften publiziert, bis mit der

unseligen Formalismus-Realismus-Debatte in den 1950er-Jahren das Aus für ihn und Hunderte andere Künstler kam. Auch wenn er künftig mehr schrieb, blieben doch Stift und Pinsel in seiner Nähe.

Eines des Kunertschen Bücher trägt den Titel „Eine Geschichte, die ich nicht schreiben konnte". Auch ein erfolgreicher Ausgang der Geschichte um die Grafik in der „Thüringer Allgemeine" ist nicht schreibend zu vermelden. Der redaktionell unberechenbare Alltag jener Zeit ließ dieses aufwändigere Projekt letztlich nur als wohlgemeinte Idee zu. An Günter Kunert, dem Herzbuben eines großen Lesepublikums, jedenfalls hat es nicht gelegen.

Günter Grass
Inge und Walter Jens

Buchenswerte Begegnungen im Hotel „Elephant"

Welche hochdramatischen Irrungen und Wirrungen mit „Menschen im Hotel" verbunden sein können, davon erzählt der 1929 erschienene Roman gleichen Titels von Vicki Baum. Oder wir erinnern uns des Auftritts von Portier Mager in Thomas Manns „Lotte in Weimar", der Goethes unsterbliche Jugendliebe Lotte samt Gefolge „buchenswert" im altehrwürdigen Gasthof mit Poststation „Zum Elephanten" begrüßte – wenn auch nur romanhaft. Bis auf den Tag ist die alte Tante „Elephant" ein begehrter Treffpunkt nicht zuletzt von Journalisten mit den Promis der Kulturwelt.

Einer meiner Gesprächspartner war der Ideengeber für Katz und Maus, Butt und Rättin. Ich saß dem hochgelobten und heftig kritisierten Günter Grass (1927–2015) in der holzgetäfelten Bibliothek der Nobelherberge gegenüber. Wie sitzt man einem Literaturnobelpreisträger gegenüber? Man mag es mir nachsehen, es geschah ehrfurchtsvoll ob der Aura dieses Bestsellerautors und politischen Blechtrommlers. Dabei war der Anlass des Gesprächs so unverfänglich, dass es kaum braver ging bei einem politischen Schwergewicht wie Grass: eine Ausstellung in der Kutscherwohnung im Goethe-Nationalmuseum, bei der sich die Bildkunst des Genius vom Frauenplan mit jener des Malers, Grafikers und gelernten Steinmetz Günter Grass begegnete. Dieser hatte ausnahmsweise keine Tabakspfeife in der Hand, sondern ruhte gelöst im hellen Anzug auf einem der roten Ledersessel, und wir redeten über Kunst. „Ich wollte schon als Kind ein Künstler werden und ging dies auch als Student mit großer Ernsthaftigkeit und Leidenschaft an." Stift, Pinsel und Meißel kamen daher bei Grass lange vor der Schreibmaschine und die Düsseldorfer Kunstakademie vor der Schreibklausur. Mit dem Anreger Joseph Beuys (jeder Mensch ist ein Künstler) studierte er Ende der 1940er-Jahre sogar Tür an Tür, gleichwohl beide bildnerische Welten trennen. Grass: „Ich liebte das Zeichnen, und zwar gegenständlich."

In Dänemark, so erinnerte er sich, kaufte er sich einmal einen Steinbutt, zeichnete und verspeiste den Fisch hinterdrein, um dann auch die verbliebenen Gräten zu zeichnen. Aus einem Steinbutt – wir wissen es – wurde schließlich literarisch ein neunmalkluger Ostseefisch, der sprechen konnte und dabei in jeder Lebenslage einen Rat parat hatte. Längst ist „Der Butt" (1979) Weltliteratur und Grass einer, bei dem Schreiben und Zeichnen zusammengehören, „weil sich bei mir im Schreiben das Zeichnen fortsetzt." Doch irgendwann nahm ihm, dem „Doktor Zärtlich", die Prosa zunehmend die Zeit für die vom Strich geführten „Streicheleinheiten".

Nach Weimar hatte er damals 33 Zeichnungen, Tuschen und Skizzenbücher mitgebracht. Wir sahen die „Laufende Ratte von Danzig" ebenso wie die „Doppelschnecke am Ziel" oder die von ihm angesichts der Umweltzerstörung eingebrachten „Müllbilder". Dies in der Nachbarschaft zu Goethes arkadischen Idyllen aus Italien sowie Blättern, die vom Sterben der Tagebaue kündeten oder zunehmendes Totholz

Inge und Walter Jens

Frau Thomas Mann

Das Leben der
Katharina Pringsheim

Wolfgang Leppmann
freundlich zu eigen
von Inge und Walter Jens

25. April 2003

Rowohlt

im Harz beschrieben. „Für mich ist Goethe vor allem der große Kollege", so verabschiedete sich der auch um einen Skandal nicht Scheuende berühmte Streiter und Mahner.

2012 wird er im Steidl-Verlag jenes heftig kritisierte Gedicht in die Welt entlassen „Was gesagt werden muss" zum Atomkonflikt mit dem Iran und dem Staat Israel. Grass hat nie ein Blatt vor den Mund genommen, wenn er – wie er meinte – „... der Heuchelei des Westens überdrüssig..." war. Den berechtigten Gegenwind musste der ewige Trommler danach freilich aushalten.

Am Abend unseres Hotelgesprächs las Grass in der ausverkauften Herderkirche aus seinem vieldiskutierten Katastrophenreport „Im Krebsgang".

Mit Inge (geb. 1927) und Walter Jens (1923–2013) traf ich mich 2003 gegenüber jener Suite, die Thomas Manns Nobelpreisurkunde faksimiliert ziert und nahe einer Bilderwand, die an Manns Weimarer Visite 1955 erinnert. Indes, es ging um die erste umfassende Biografie zu Katharina (Katia) Mann, geborene Pringsheim (1883–1980), jenes „Zubehör" des „Zauberers" Thomas Mann, das ihm mehr als nur den „Seelenfrieden" erhielt. Der Titel folgt ihrem Briefkopf: „Frau Thomas Mann". Für Thomas und Katia war Weimar „der Inbegriff der kulturellen Einheit" bestätigten mir beide. Und Inge Jens, die promovierte Literaturwissenschaftlerin, fügte erklärend hinzu: „Sie hat ihr Leben wirklich auf den einen ausgerichtet und wusste sehr genau, was sie tat." Wie zur Bestätigung ergänzte Ehemann Walter, der welt- und wortgewandte Tübinger Professor und Ordinarius für Rhetorik: „Ihre Ziele waren schwarze Zahlen im Interesse der sechs Kinder und den Ruhm von Thomas Mann über den Tod hinaus zu mehren."

Mit den beiden Jens hatte ich – welch seltener Fall – ein international bekanntes Ehepaar neben mir, das gelassen auf alle Fragen antwortete. Nach der Lektüre des Buches lautete für mich die Frage aller Fragen: Wie schreibt man so eine 352-seitige Monographie im Rowohlt Verlag zu zweit? (Übrigens feierte Ernst Rowohlt 1914 Silvester mit einigen Literaten im „Elephant") Walter Jens sichtlich amüsiert: „Nur mit einer Generalkonzeption und als zweiter Schritt der Festlegung, wer die ‚Führfigur' übernimmt und damit einen Grund legt." Nun wusste ich es also. Im Detail war es denn wohl so, dass einer dem anderen sein Kapitel vorlegte und der dann Lesende eben das Seine hinzufügte.

Es lag nahe, dass der Text über eine kluge, schöne Frau, die sich so sehr über ihren Mann definierte wie Katia, ideal von einem Ehepaar umsetzbar war, dem geisteswissenschaftliche Probleme besonders vertraut waren. Allerdings, so ließ sich einvernehmlich erfahren, gab es bei diesem gemeinsamen Erstling um eine Legende mitunter auch „große Kräche". Dass man am Ende der Lektüre nicht merkt, wer was geschrieben hat, spricht für die Qualität dieser „signifikanten Gemeinschaft". Es wurde schließlich ein Bestseller mit damals bereits 91.000 verkauften Exemplaren.

Nach so viel Gemeinsamkeit des Autorenpaares enttäuschte mich dann doch etwas deren Schlussauskunft: „Wir beide hoffen nicht, dass irgendwer über uns eine Doppelbiografie verfasst." Dazu ist es tatsächlich (noch) nicht gekommen. Gleichwohl erschienen drei separate Bände über Walter Jens.

Zwei davon schrieb der Sohn Tilmann (1954–2020): „Demenz. Abschied von meinem Vater" (2009) und „Vatermord. Wider einen Generalverdacht" (2010) – eine familiäre Abrechnung, die einen Skandal samt Protestwelle der Anhänger von Walter Jens auslöste. Das dritte stammte von Inge Jens und war „Langsames Entschwinden" (2016) betitelt. Darin beschreibt sie, wie sie ihren dementen Mann fast zehn Jahre lang zu Hause pflegte… Bitteres Zeugnis über einen Mann, dem mehr als nur die Erinnerung abhandengekommen war.

Alles dies konnte das Ehepaar Jens damals nicht wissen, als es auf dem Hotelbalkon neben der Skulptur von Thomas Mann für unseren Fotografen posierte, wir uns herzlich verabschiedeten und sie abends Gast der Frühlingsausgabe der Reihe „Erfurter Herbstlese" waren. Diese frohen Begegnungen hätte Herr Mager, der gebildete Kellner aus dem „Elephanten", bestimmt gewohnt zuversichtlich so kommentiert: „buchenswert".

Das immerhin leistet die Literatur:
Sie schaut nicht weg, sie vergißt
nicht, sie bricht das Schweigen.

(Günter Grass)

Dietrich Mainel

Ein Kunstfälscher klagt mich an

Kunstfälschungen haben Hochkonjunktur in unserer globalisierten Welt. Man denke nur an Konrad Kujau oder Wolfgang Beltracchi. Und das solange sich selbst die vermeintlich größten Experten irren – man erinnere sich nur an einen erfahrenen Kunsthistoriker wie Werner Spieß, der bei Max Ernst leider nicht genug hingesehen hatte. Und auch in der DDR warf der Kunsthandel manche Schatten auf deren mitunter verzweifelte Devisenjagd. Dass es sich dabei nicht nur um Fälschungen handelte, wie sie im Buche stehen, sondern diese mitunter skurrile Züge annahmen, beweist die Geschichte um Dietrich Mainel (kein richtiger Name).

Jener Dietrich Mainel, geboren in Thüringen und schon im Rentenalter, war kein untalentierter Künstler, aber ihm blieben dennoch die großen Honneurs versagt. Eigentlich war er Bauarbeiter, doch zwang ihn ein Unfall, auf Kunst umzusatteln. So zog er denn mit seinen Bildern, Grafiken, Holz- und Treibarbeiten freischaffend von Haus zu Haus, um irgendwie seinen Lebensunterhalt zu bestreiten.

Da schien ein besonderer Tag sein trauriges Dasein zu wenden. Lernte er doch bei einem Mann und späteren Zeugen ein Blatt kennen, dessen Bildautor ihn faszinierte: Ernst Barlach. Irgendwie muss es ihn durchdrungen haben, so etwas wie der von den Nazis als entartet diffamierte Zeichner und Bildhauer auch zu können. Dies technisch wie kompositorisch. Eine verhängnisvolle Idee ward geboren. Er bot dem Mann in seinem Besitz befindliche Handzeich-nungen Barlachs zum Kauf an. „Das Verbrechen ging mit mir durch, als ich die Bilder versprach", bekannte er durchaus reumütig 1969 beim wahrscheinlich ersten Prozess von Kunstfälschung in der DDR.

Mainel fälschte nach Katalogen und Erinnerungen mehrere Werke von Barlach. Er ging dabei sogar soweit, dass er ganz individuelle Änderungen an Stellen vornahm, die Barlach nach seiner Meinung nicht gut genug ausgeführt hatte. Gings noch dreister? Der Kunde freilich war dankbar und zahlte, was der Künstler forderte. Gutgläubig vertraute er den beschworenen Quellen, mit denen Mainel die Abstammung der Blätter zu beweisen suchte. Die für Gestaltung und Druck notwendigen alten Papiere schien er in seinem Atelier zu besitzen.

„Ich hätte ja gern meine eigenen Werke verkauft, aber da man mir die Fälschungen als echt abnahm und ich in einer finanziellen Notlage war, wurden auch anderen Stellen Handzeichnungen von Barlach angeboten", gestand der Angeklagte damals vor dem in Meiningen beheimateten Suhler Bezirksgericht.

Insgesamt entstanden 16 Fälschungen, für 15 davon zahlten private Sammler sowie der Staatliche Kunsthandel in Leipzig und Erfurt. Originale Barlachs gibt es nicht alle Tage, da verzichtete man schon auf den letzten Blick des Experten, zahlte und verkaufte für ein Mehrfaches an allzu vertrauensselige Kunden in Ost und West. Als ein Kenner tatsächlich kritisch auf die angebotenen Barlachs gelegentlich einer Auktion blickte, endete das betrügerische Treiben von Dietrich Mainel. 20.400 Ostmark brachten ihm seine Fälschungen ein und mir einen faktischen Rausschmiss aus dem Erfurter Objekt des Staatlichen Kunsthandels auf der Krämerbrücke. Zu peinlich war der Vorhang der dortigen Leiterin. Mainel kam für zwei Jahre und neun Monate ins Gefängnis.

Nun wäre mein damaliger Gerichtsbericht über die Jahrzehnte einer von vielen geblieben, hätte ich nicht mit dem Datum 24. Juli 1969 einen zweiseitigen, mit Maschine geschriebenen Brief aus dem Strafvollzug in Unterwellenborn bekommen. Darin belehrte mich der verurteilte Fälscher so: „Der Schreiber Leißling. Er darf in unserer heutigen errungenen sozialistischen Gesellschaftsordnung einen solchen Fakt nicht als eine Sensation in einem Artikel schildern…" Es folgte noch meine erzieherische Wegweisung aus dem Knast: „Ein Gerichtsschreiberkommentator sollte seine Arbeit nicht so leicht machen wie L. Nachforschen und -schürfen nach den tiefen Ursachen müßte seine Pflicht sein. Dann kann man sagen, so liegt auch darin eine erzieherische Arbeit…" Seiner Aufforderung einer Antwort auf die von ihm vollzogene „moralische" Er-

leichterung durch die Haft nachzukommen, habe ich mir ob des danach zu erwartendem weiterem Briefwechsel erspart. Als „Strafverbüßender" wollte sich Mainel ja ohnehin nach der Entlassung „als freier Staatsbürger… bewähren". Mehr hätte ich ihm auch nicht empfehlen können und sich außerdem ernsthaft mit dem so wertvollen Œuvre Barlachs zu befassen, von dem es beispielsweise im Nordhäuser Meyenburgmuseum eine Kollektion aus der Ilsetraut-Glocke-Stiftung gibt sowie sich vier Originalbriefe im Künstlerfundus der Stadt befinden.

Esther Vilar

HET EINDE
VAN DE
DRESSUUR

Die Käfigtür muss offenbleiben

„Falls sie es wünschen, sind Frauen jederzeit in der Lage, Stroh zu Gold und Sex zu Geld zu spinnen. Männer sind von diesem lukrativen Erwerbszweig auf ewig ausgeschlossen." Wer schreibt so etwas? Esther Vilar (geb. 1935) in ihrem Buch „Heiraten ist unmoralisch". Diese Autorin wollte ich unbedingt kennenlernen. Eine beste Gelegenheit bot sich zur Buchmesse in Frankfurt am Main. Am Stand des Gustav Lübbe Verlags wurde mir eine halbe Stunde mit der in Buenos Aires geborenen Schriftstellerin, Soziologin und Psychologin gewährt. Daraus wurde eine gute Stunde und das längste je von mir in der „Thüringer Allgemeine" abgedruckte Interview.

Wir trafen uns in einer Messekoje bei schwarzem Tee und Plätzchen; ein eingeschweißtes Belegexemplar lag als Geschenk auf dem Tisch. Dort erwartete mich die Autorin mit einem Gesicht freundlich, sympathisch und intelligent, die dunklen Haare lang und offen. Ihr Buch „Der dressierte Mann" war in 20 Sprachen übersetzt worden, und mit „Heiraten ist unmoralisch" hatte sie einmal mehr gegen den Stachel geleckt, wider der Mode des Feminismus. Ich sperrte beide Ohren auf, als sie sagte: „Tatsächlich wurde ein ganzes Geschlecht vergessen. Man glaubte offensichtlich nicht, dass die Männer auch Gefühle haben könnten und Sensibilitäten."

Uff, dachte ich, weiter so, und sie legte auf meine Überraschung hin tatsächlich nach: „Frauen sollten nur aus respektablem Grund heiraten. Meine Frau zu sagen sollte keine Besitzanzeige mehr sein – sondern ein Kompliment." Selbst damals zweifach geschieden, musste sie es wissen und plädierte daher: „Ich bin dafür, in Freiheit zu leben. Doch eine Ehe ist für mich ein System von Abhängigkeiten, es sei den man heiratet moralisch, etwa um jemand so ein Asyl zu ermöglichen." Daraus entspann sie eine verblüffende Logik: „Je weniger man denjenigen liebt, den man heiratet, desto moralischer, weil es kein Geschäft ist." Klang für mich so nach freier, abgewerteter Liebe, entgegnete ich etwas verunsichert. Sie widersprach heftig: „Ich möchte vielmehr die Liebe aufwerten. Ich denke, die Familien sind stabiler, wenn die Kinder wissen, dass beide Eltern sich lieben und diese Liebe leichter erhalten, weil kein Ehevertrag besteht. Die Käfigtür muss offenbleiben." Dem wiederum war nur so zuzustimmen, zumal sie noch betonte: „Leider sind glückliche Ehen – auch aus erotischer Sicht – sehr selten."

Esther Vilar hatte sich ein nachdenkliches Lächeln bewahrt an diesem Vormittag, und auch als ein Moderator sie auf dem Frankfurter Römer versuchte, öffentlich „total zu zerlegen". Selbst der streitbaren „Emma"-Herausgeberin Alice Schwarzer gelang es nicht, die couragierte Medizinerin zur vermeintlichen Raison im Fernsehduell zu bringen und schon gar nicht jene aufgehetzte Frauengruppe, die sie heimtückisch überfallen hatte…

ESTHER VILAR

Für Wolfgang Leipzig —

heiraten

ist

unmoralisch

sehr herzlich und auf hoffentlich bald!

Es Vil

GUSTAV LÜBBE VERLAG

Frankfurt
7. 10. 99

Esther Vilar kultivierte ihre Prinzipien auch zu den Frauen in der damaligen DDR. Ihre Position war unzweideutig: „Ich hatte damals so große Hoffnungen, als die beiden Teile Deutschlands zusammenkamen. Man hätte mit Arbeitszeitverkürzung beginnen sollen und nicht mit Massenentlassungen. Das war die Chance, die Gesellschaft zu verändern, und sie wurde völlig verpasst." Dann wollte ich wissen, wie man nach ihrer Meinung eine Gesellschaft ökonomischer und zugleich moralischer gestalten kann. Sie überlegte nicht lange für die Antwort: „Es bedarf wahrer Gleichberechtigung. Ich empfehle die 25-Stunden-Woche, in der Männer und Frauen mit verkürztem Gehalt arbeiten und so mehr Zeit zum Leben haben." Auch dem war nicht zu widersprechen. Ihre Forderung, dem Mann so wenig Geld zu geben, dass er Frauen nicht mehr kaufen kann und den Frauen so viel Geld zu geben, dass sie nicht mehr käuflich sind, war sicherlich ehrenwert, aber wohl doch illusorisch angesichts der brisanten Entwicklung des käuflichen Sex in der globalisierten liberalen Welt. Konnte doch in ihr die Rotlichtszene jüngst nur vorübergehend durch das Coronavirus gebremst werden. Oder?

Esther Vilar jedenfalls ist zum Glück nicht zu bremsen, wenn es gilt, mit der Literatur Lebens- und Liebeswunden zu heilen, so auch in ihrem Erotik-Thriller „Reden und Schweigen" bezeichnenderweise im von einer mutigen Frau geführten konkursbuch Verlag Tübingen. Sex als Alptraum. Schade, dass wir über dieses von ihr spielerisch durchdeklinierte Thema seinerzeit nichts zu diskutierten hatten. „… sehr herzlich und bis bald" hatte sie mir noch auf den Weg gegeben. Vielleicht sollte ich doch einmal ihre Rufnummer in Barcelona benutzen…

Eine Frau von Stil schläft niemals mit einem Mann, den sie nicht wirklich begehrt.

(Esther Vilar)

Louis Ferdinand Prinz von Preußen

Sherry mit Kaiserlicher Hoheit Louis Ferdinand

Nur einmal in meinem Leben war ein Interview mit äußeren Bedingungen verbunden, und dies beim Besuch von Louis Ferdinand Prinz von Preußen (1907–1994) auf dem Stammsitz seiner Ahnen Burg Hohenzollern. Die Bedingungen lauteten: Anrede Kaiserliche Hoheit und eine Krawatte über dem Hemd. Immerhin geht solche Tradition wohl auf König Ludwig XIV. zurück.

Kein Problem für uns beide im weißen Dienst-„Golf" – den Fotografen Roland Obst und mich als frischgebackenen Kulturredakteur der TA. Wir waren fast sechs Stunden gefahren, bis uns am Parkplatz der Märchenburg ein Kleinbus abholte und ins romantische Bergschloss der Schwäbischen Alb hinaufkurvte. Wir reckten unsere Hälse zum prachtvollen Adlertor, zu den hochaufragenden Zinnen, Türmen und Türmchen unterm wolkenverhangenen Himmel. Eine imposante Kulisse deutscher Geschichte hatte uns empfangen. Hinter einer der Mauern in der Christuskapelle ruhte er, der Alte Fritz in seinem verlöteten Zinnsarg und sollte von hier aus am 17. August 1991 zur Geisterstunde in die Familiengruft von Schloss Sanssouci zu seinen Windspielen heimkehren. Im Krieg wurde der Königssarg 563 Meter tief im Kalibergwerk bei Bernterode (Eichsfeld) vor Bombenangriffen geschützt.

Doch zunächst kletterte am 20. Juli 1991 fünf Minuten vor 12 Uhr der Preußenadler am Fahnenmast über die Dächer. Es war Zeit zur Audienz hinter der Pforte „Privat". Unser hochherrschaftlicher Gastgeber empfing im Turmzimmer, rundum an den Wänden und auf Tischen die Porträts der Hohenzollern, die immerhin drei Kaiser und neun Könige stellten – das bedeutendste deutsche Adelsgeschlecht eben. Die Kaiserliche Hoheit – als Kind saß er bei Wilhelm II. auf den Knien – empfing uns mit Handschlag, frei von höfischer Etikette. Stühle wurden gerückt und auf einem Tisch standen dickwandige Gläser aus der Schlesischen Josephinenhütte, die wohl schon bei Friedrich II. König von Preußen die Tafel zierten. Wir stießen an ohne Protokoll. Louis Ferdinand war ein welterfahrener Mann, der bei Henry Ford in den USA gearbeitet, über argentinische Einwanderungsprobleme promoviert hatte und leidenschaftlich Klavier spielte. Auch war er als Verwalter des elterlichen Gutes in Ostpreußen in näheren Kontakt mit Männern des 20. Juli 1944 gekommen. Alles das kann man in seinem autobiografischen Buch „Im Strom der Geschichte" nachlesen und dass ihn vielleicht nur „Freundestreue bis in den Tod" vor Schlimmerem bewahrte. Andere Mitglieder seiner Familie – wie der Kronprinz Friedrich Wilhelm – hatten freilich keine Probleme mit den Nazis, im Gegenteil, dieser posierte nur zu gern in der SA-Uniform.

Wir plauderten ungezwungen, unser Gesprächspartner pries den Mut der Ostdeutschen und meinte: „Ich finde die Ossi- und Wessi-Teilung als völlig unsinnig" und versprach, dass auch der Adel seinen Beitrag für ein starkes Deutschland in

Europa leisten werde. Was er nicht ahnen konnte, dass auch sein von ihm hochgeschätzter Enkel Georg Friedrich 2019 im juristischen Feldzug eine Millionenentschädigung vom Land Brandenburg samt Wohnrecht im Schloss Cecilienhof forderte und so einen heftigen Streit vom Zaune brach. Schon Louis Ferdinand selbst war mit seinen Rückgabewünschen gescheitert.

Doch an jenem Sommertag trübte nichts unsere kleine Runde. Louis Ferdinand hatte sich sogar meinen Namen gemerkt, fasste die schwere Karaffe und fragte unvermittelt: „Herr Leißling, möchten Sie noch einen Sherry?" Ich war verblüfft. Da ging das „Ja, Kaiserliche Hoheit, vielen Dank" nur so über meine Lippen. Und als wir später vor dem Sarg Friedrich des Großen unter dem Adelsbanner standen und unser Gastgeber als einstiger Offizier sogar Haltung annahm, da war ein kleinwenig von dem zu ahnen, womit Bundeskanzler Helmut Kohl einmal „den Atem der Geschichte" bemühte, dem manche Monarchisten bis auf den Tag meinen, nachspüren zu müssen…

Für die Leser der TA schrieb der Chef des Hauses Hohenzollern, der mit der Stifterin Kira Kirilowna Romanowa (1909–1967) verheiratet war, „alle guten Wünsche" auf ein Blatt Papier. Wir gaben uns die Hände: „Ich freue mich auf ein Wiedersehen in Thüringen, vielleicht am Denkmal meines 1806 bei Saalfeld gefallenen Lieblingsvorfahren Prinz Louis Ferdinand." Ob er tatsächlich dort war? Ich habe es nicht erfahren.

Cläre Werner

Die Lady von der Wachsenburg

Immer wieder habe ich erinnertes Leben aufgerufen, wenn gratulierende Worte für Menschen aufzuschreiben waren. Wie oft, lässt sich nicht beziffern. Aber die Geschichte der Cläre Werner (1913–2003) aus Arnstadt steht obenan und bleibt unvergessen. Eine kleine Begegnung kurz vor ihrem 75. Jubiläum in ihrem Haus hatte ich geplant, doch wurde daraus eine Freundschaft über mehr als zehn Jahre. Denn mir war mit der 1942 ernannten Burgwartin der Wachsenburg ein besonderes Erlebnis geschenkt worden, mit einer vitalen Rentnerin, die in den letzten Monaten und Tagen des Krieges nicht nur „ihre" Burg rettete. Soviel Neues war für mich im Vergangenen dieser Frau zu entdecken und mitunter wurde ich zuhörend sogar zum Komplizen in einem bewegten Leben.

Doch beginnen wir von vorn. Die Nazis hatten die auf der Burg geborene Krankenschwester Cläre „unabkömmlich" gestellt und sie gemeinsam mit zwei weiteren Frauen dienstverpflichtet, sich der Veste nähernde Flugzeuge oder mögliche Brände in der Umgebung zu melden. Was sie nicht meldete, war jenes Geheimtreffen mit Oberst Claus Schenk Graf von Stauffenberg, dem ehemaligen Leipziger Oberbürgermeister Dr. Carl Goerdeler und anderen Herren. Es wurde nur geflüstert. Claire Werner, die schon Dr. Theo Neubauer und Prof. Adolf Reichwein diskret in der Klause bedient hatte und mit ihnen sprach, gelang es sogar, Polizei und Waffen-SS über den Besuch zu täuschen.

Gleichwohl wusste sie damals nicht „wer diese vornehmen Herren waren", die sie gewarnt hatte. Einen Namen freilich konnte sie im eilig zurückgelassenen Okulardeckel des Fernglases lesen: Stauffenberg. Dass jener Einarmige zu den Verschwörern des 20. Juli 1944 gehörte, erfuhr die couragierte Frau, die ihren Verlobten im Krieg verloren hatte, erst aus der Zeitung. Sie las von der Hinrichtung der aufrechten Offiziere. Was damals in ihr vorging, lässt sich nur ahnen... Auch wenn sie nach Jahrzehnten davon erzählt, in Bildern ihrer Biografie nachspürt, scheint ihr noch der Atem zu stocken. Beruhigt ging es ihr wohl erst, als im April 1945 die aufheulende Jeep-Motoren die Ankunft der Amerikaner auf der Burg signalisierten. Cläre empfing die Männer mit dünnem Braunbier und in Englisch. Sie versicherte, dass keine deutschen Soldaten in der Wachsenburg waren, verwies aber erregt auf das nahe Konzentrationslager Ohrdruf (am 12. April besuchte der spätere US-Präsident Dwight D. Eisenhower das Lager und bekannte, dass nichts in seinem Leben ihn so erschüttert hätte). Dann erlaubten ihr die Militärs einen Blick durch das Scherenfernrohr: „Ich wollte wissen, auf welche Objekte die Soldaten zielen sollten, und was ich sah, entsetzte mich: Arnstadts Bachkirche, die Liebfrauenkirche und das Rathaus." Ihr Herzschlag trommelte. Und doch gelang es ihr in diesem dramatischen Moment, flehentlich einen der Offiziere auf Johann Sebastian Bachs Wirkungsstätte hinzuweisen. Dann geschah etwas Unerwar-

tetes: „Der Offizier legte plötzlich erschrocken beide Hände vors Gesicht, Johann Sebastian Bach…" So blieb der geplante Artillerieangriff dem Stadtzentrum erspart. Am 10. April rückten die Amerikaner ein.

Cläre hatte wiederholt das Glück der Mutigen und lernte als Burgwartin in der Wachsenburg die kommandierenden US-Generale Dwight D. Eisenhower und George S. Patton sowie Iwan Sasonowitsch Kolesnitschenko als General der Roten Armee kennen. Ihnen erzählte sie, dass sie weiße Betttücher als Zeichen des Ergebens in der Burg ausgelegt hatte, um diese vor der Bombardierung zu schützen. Aufregendes erlebte die Lady der Wachsenburg vom Turm aus auch am 4. März 1945 – eine

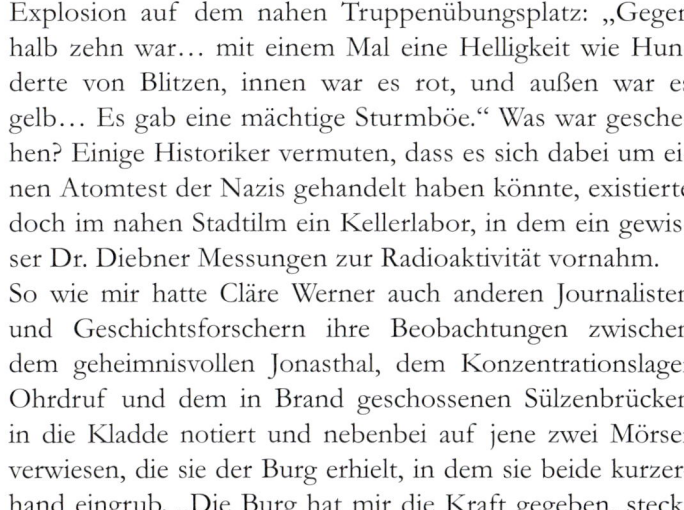

Explosion auf dem nahen Truppenübungsplatz: „Gegen halb zehn war… mit einem Mal eine Helligkeit wie Hunderte von Blitzen, innen war es rot, und außen war es gelb… Es gab eine mächtige Sturmböe." Was war geschehen? Einige Historiker vermuten, dass es sich dabei um einen Atomtest der Nazis gehandelt haben könnte, existierte doch im nahen Stadtilm ein Kellerlabor, in dem ein gewisser Dr. Diebner Messungen zur Radioaktivität vornahm.

So wie mir hatte Cläre Werner auch anderen Journalisten und Geschichtsforschern ihre Beobachtungen zwischen dem geheimnisvollen Jonasthal, dem Konzentrationslager Ohrdruf und dem in Brand geschossenen Sülzenbrücken in die Kladde notiert und nebenbei auf jene zwei Mörser verwiesen, die sie der Burg erhielt, in dem sie beide kurzerhand eingrub. „Die Burg hat mir die Kraft gegeben, steckt doch schon im Wort das Bergen und Bewahren!" Wir alle haben ihr zu danken – leider blieb es nur bei dem Versuch, sie mit dem Bundesverdienstkreuz zu ehren. Die Burgwartin starb dement in einem Thüringer Pflegeheim. Ich werde die vielen Stunden mit ihr nicht vergessen, schon gar nicht, wie freudig die „alte Cläre" ihren „lieben Wolfi" mit dem Hund im Fenster so oft erwartungsvoll nicht nur zu Kaffee und Kuchen empfing.

Otto Knöpfer

Gemalt vom „Thüringer Dürer"

Es gibt Sätze, die man in zwei Richtungen lesen kann, etwa den: Malerei ist die Anwesenheit des Abwesenden. Meine Deutung verweist auf das Gegenteil, etwa wenn sich ein Künstler anschickt, das Gegenüber zu porträtieren. Ich erlebte solches als wiederholten Vorgang. Etwa als ein Maler gerade nur eine Interviewlänge benötigte, um mich in Acryl auf die Staffelei zu bannen, oder ein anderer mich bat, ihm für ein poetisches Bildnis Modell zu sitzen. Doch, meiner Mutter habe ich beide Porträts vorenthalten. Sie sah ihren Sohn eher so wie Jost Heyder oder Werner Schubert-Deister, um zwei andere Künstler zu nennen. Grenzenlos begeistert aber war sie von jenem Bildnis, das ihren Sohn 1973 im hellblauen Rollkragenpullover zeigte, gemalt von Otto Knöpfer (1911–1993), von dem sie schon ein Blumenstillleben über ihrem Sofa im Wohnzimmer als Kostbarkeit hütete.

Otto Knöpfer, den Menschenfreund und „Thüringer Dürer", dem die Natur zu seinem großen Lebensmotiv wurde, lernte ich als Lokalreporter im Mai 1971 kennen. Wer sich je für Kunst im Thüringischen interessierte, der kannte diesen Augenmenschen, der, wäre er nicht Maler geworden, zugleich auch einen Bauern in sich sah. Oft hatte ich Gelegenheit, über ihn zu schreiben, der viele Jahrzehnte mit Cordhose, Lederjacke, Stullenpaket und Thermosflasche auszog, um irgendwo seinen Dreieckstuhl auszuklappen, zu skizzieren oder zu malen. „Ich neige dazu, die Dinge zu malen, die ein anderer mitunter gar nicht sieht", das bekannte er gern. Unzählige Male durchwanderte er allein die Drei-Gleichen-Landschaft, von der er tausende Bilder hätte malen können, ohne dass ihm langweilig geworden wäre. Und als ich für das gemeinsam mit meinem leider früh verstorbenen Freund und TLZ-Kollegen Georg Menchén geschriebene Buch „Burgen zwischen Werra und Elbe" durch die DDR zog, da begann mein Kapitel für Wachsenburg, Mühlburg und Burg Gleichen an einem Malort in dieser sanft modellierten Hügellandschaft. Es freute Otto, auf solche Weise zwischen den Buchdeckeln verewigt zu sein.

Eines Tages überraschte er mich mit dem Vorschlag, ihm doch für ein Porträt Modell zu sitzen. Das waren Stunden, die man nie vergisst, Momente, in denen ich zwar wie ein Schneider in seinem Erfurter Atelier fror, mir dafür aber spannende Geschichten aus seinem bewegten Leben anhören konnte, während der Geruch der Malmittel mir in die Nase stieg. Er sprach von Volksschule, Lehre, Studium, Kriegsdienst, Gefangenschaft und Lehramt sowie vom Zirkelleiter und freischaffenden Künstler. Ein Leben war so zu besichtigen. Otto redete, während er mit Kohle vorzeichnete. Er ließ die dunklen Linien nur so schwingen, derweil ich brav auf meinem Schemel saß und gelegentlich um die Ecke auf das entstehende Werk blickte – sehr zufrieden mit meinem entstehenden Abbild auf dem Malgrund…

Dennoch: Eines Tages hievte ich zwei Eimer Kohlen aus meinem Pkw „Trabant" und stellte sie ihm ins Atelier. „Für

deine Aktmodelle und für mich", das kommentierte ich. Er war verblüfft und dankte wortlos. Als ich eine Woche später wieder auf dem Schemel saß und er schon bald zart in Öl begann, waren die Eimer unberührt. Knöpfer und sein Pinsel hatten alle Zeit der Welt, und er schien die Stunden und die Kälte im Raum zu vergessen. Kein Wunder, wir agierten in der Königsdisziplin der Malerei. Es war faszinierend, zu erleben, wie Linien, Töne und Farben sich wundersam zu einem Ganzen vereinten, das ich sein sollte und auch war. Doch eines Tages legte er den Pinsel kurz beiseite. „Das Porträt ist fertig, gefällt es Dir?" Staunen und Freude. War ich dieser scheinbar in sich ruhende nachdenkliche Mann von 25 Jahren? Auch dem Maler saß die Freude über sein Werk im Gesicht. Er lächelte, signierte, und wenig später

stand auch schon wieder ein leerer Rahmen auf der Staffelei. Immer wenn ich das Porträt in meinem Arbeitszimmer anschaue, erfüllt mich tiefe Dankbarkeit für unsere Sitzungen und dass er mich als Motiv auserkoren hatte. Da war ich nur so froh, ihm zu seinem 100. Geburtstag in der von mir geleiteten Galerie der „Thüringer Allgemeine" das Blatt 39 mit seiner Radierung „Schloss Molsdorf" dankbar widmen zu können.
Knöpfers Grab auf dem Erfurter Hauptfriedhof liegt nahe der letzten Ruhestätte meiner Eltern. Wenn ich dort bin, verweile ich ein paar Minuten bei ihm und wünsche mir, dass er mich von irgendwoher so beobachtet wie damals, als ich für mein Porträt in seinem Atelier saß.

Michael Kirchschlager

So sind's die neuen Rittersleut

Sie war ein Ohrwurm, jene spöttische Ballade von den alten Rittersleut. Ich summte am Volant: „Ja, so warn's, die alten Rittersleut". Sich daran zu erinnern, lag nahe in Thüringen, wo nicht nur an der Saale hellem Strande Burgen stolz und kühn stehen. Rund 500 Burgen und Burgruinen sollen es sein. Ich wollte einen Rittersmann des 21. Jahrhunderts kennenlernen in seiner Schwallunger Kemenate. Er empfing vollgerüstet und „hatte sehr viel Eisen an", wie es die „Hot Dogs" im Lied volkstümeln. Dies mit Hundsgugelhelm, Kettenhemd und imposantem Einhänderschwert. „Seit über dreißig Jahren interessiere ich mich für Burgen, angeregt vom Band ‚Burgen zwischen Werra und Elbe'.". ies bekannte der 1966 in Staßfurt geborene Diplomhistoriker Michael Kirchschlager, der auch der 100-köpfigen Thüringer Landesgruppe der Deutschen Burgenvereinigung e.V. (DBV, 1899) vorsteht und sonst Verleger, Schriftsteller sowie Freizeitritter ist.

Unsere Begegnung für das TOP Magazin Thüringen hatte schon etwas Skurriles. Denn: Wir verbargen unsere Sprache insofern voreinander, als Kirchschlager durch das Visier und ich über den Mundschutz sprach – Coronazeit anno 2020. Wir hatten Abstand und Masken verabredet und uns erst in den Mauern auf gut zwei Metern demaskiert. Plaudern und Lachen unter Blech und Stoff waren gewöhnungsbedürftig. Ich erfuhr: Die ummauerte Kemenate ist ein Kulturdenkmal im Landkreis Schmalkalden-Meiningen in der Ortsmitte auf der Lindenhöhe. Von weitem leuchtet ein Fachwerkgeschoss. Falken, Dohlen, Elstern und Finken geben sich ein Stelldichein.

Kirchschlagers Geschichtslektion: „Von einem Ritter Sigifrid von Schwallungen war 1057 erstmals die Rede. Seinen Nachfahren oblag es, den rechteckigen Wohnturm mit Lichtschlitzen und rundbogigem Portal um 1200–1230 zu errichten. Nach 1529 wurde die Kemenate vom Lehnsherren Lorenz Reps ausgebaut." Später teilte der Turm das Schicksal anderer Burgen: Er verfiel, bis 2005 Rettung nahte, mit dem Eintrag ins Denkmalbuch des Thüringer Landesamt für Denkmalpflege und dem Historikerpaar Andrea und Michael Kirchschlager. Sie kauften und restaurierten für die nächsten zehn Jahre auf einer Wochenendbaustelle. „Wir wollten den optischen Zustand von 1537 wiederherstellen, und zwar dem Original so ähnlich wie möglich."

Dieser Burgenfan vermag nur so begeistert zu überzeugen, scheinbar allwissend und unterhaltsam. Er hinterlässt seinen Fußabdruck. Fakten und Emotionen wechselten einander munter ab. Besonders haben es ihm die im Hof liegenden teuflische Steinkugeln angetan. „Jene gehören zu den sogenannten Bliden, den mittelalterlichen Steinschleuder-Maschinen. Das Wort Blide bedeutet mittelhochdeutsch „fröhlich" und meint den Jubel beim erfolgreichen Schleudern der Steine. Gleichwohl ist das Thema Blide auch ein trauriges für Kirchschlager. Gehörte er doch mit dem

KNABE VERLAG WEIMAR

MICHAEL
KIRCHSCHLAGER

Emil
aus der
Drachenschlucht

illustriert von Steffen Grosser

weitere „Emil"-Bücher aus dem Knabe Verlag Weimar unter: www.emil.knabe-verlag.de

Archäologen Thomas Stolle zu den Gründern des einstigen Runneburgvereins von Weißensee. „Dort, im Hof der Wartburg-Schwester, gelang es, von 1994 bis 1997 eine solche Blide zu rekonstruieren und mit ihr die schweren Steingeschosse abzuschleudern – TÜV-geprüft, versteht sich." Den Jungfernschuss mit einem 50 Kilostein über 300 Meter erlebten hunderte Neugierige am 1. Juni 1997. Von nun an kamen die Touristen in Scharen zur Burg der Stauferzeit. Doch dann erlebte der Blidenmeister das Ende der großen Waffe auf der Runneburg. Es gab Unstimmigkeiten mit Schlösserstiftung und Stadtverwaltung, sodass die hölzerne Steinschleuder 2009 verkauft, zerlegt und leider auf Burg Scharfenstein nicht mehr aufgebaut wurde.

Wie es sich für einen Historiker gehört, hat er Erlebtes rund um das mittelalterliche Kriegsgerät aufgeschrieben in jenem Text-Bildband „Teuflisches Werkzeug", der auch Aufsätze weiterer Autoren zu Thüringer Burgen im Krieg enthält. „Das Schreiben ist ja ohnehin meine Sache. Dass daraus 1995 noch ein eigener Verlag mit Sitz in Arnstadts Ritterstraße (wo sonst?) wurde, hätte ich in den Kinderschuhen nie gedacht." Jetzt gebietet er über Regional- und Kriminalgeschichte und signiert mit Handschelle und Fledermaus. 1998 entdeckte er in der Handschrift „Statuta thabernae" von Weißensee, dass das „Weißenseer Reinheitsgebot" für Bier von 1434 stammt und damit 82 Jahre älter war als das aus Bayern. Dabei ward ein Bierstreit entfacht…

In der Turmburg sitzt uns Kirchschlager im Kettenhemd gegenüber, hat den Helm abgelegt, das Schwert mit beiden Händen umfangen. Und schon sind wir auf einer Zeitreise.

Darin greift der Drachenritter mit Hundsgugel, Spangenhelm und Stichwaffe ein: „Ich habe in der Eisenacher Drachenschlucht entdeckt, dass es sich bei den kühlen Steinriesen doch nur um verzauberte Fabeltiere handeln konnte. So schlug die Geburtsstunde des kleinen Drachen Emil." Seit 2012 veröffentlicht Kirchschlager im Knabe Verlag Weimar spannende Kinderbücher um diesen freundlichen wie tapferen Gesellen. In einem der von Steffen Grosser illustrierten Bücher kann der feuerspuckende Lindwurm sogar die Schlacht von 1180 bei Weißensee siegreich vollenden.

Besonders gern lädt der Autor Grundschüler zur Schreibwerkstatt ein. „Dort werden Geschichten erdacht, aufgeschrieben und vorgelesen. Es wird gezeichnet, eine Restaurierungswerkstatt eingerichtet, und wir bauen Burgen und kochen mittelalterlich." Wen wundert's? Kirchschlager durfte ob seiner mittelalterlichen Kochrezepte sogar in einer Living-History Produktion von ARD/Arte und MDR mitwirken.

Und dann kam unser Abschied vom emsigen Ritter Michael. Noch einmal leuchtete der Wohnturm im Rückspiegel. Ich dachte: Ja so warn's die neuen Rittersleut' und wollte unbedingt wiederkommen.

Katharina Bendixen

Antje Wagner

Paulina Schulz

Julia Kulewatz

FAMILIE
LEIßLING

Schreiben und Posieren mit und ohne ...

Den lateinischen Begriff des Genius loci kann man durchaus als der Geist und sein Ort übersetzen. Nicht selten war es in meinem journalistischen Alltag möglich, einen besonderen Ort für das Gespräch zu finden. Im Fall der Erfurter Stadtschreiberinnen Katharina Bendixen (2014) und Antje Wagner (2006) waren es ein Waschsalon sowie der stille Ort Hauptfriedhof. Mit einer dritten jungen Autorin, Paulina Schulz, traf ich mich in deren damaliger Wohnung in Erfurt und der Vierten, Julia Kulewatz, auch am Grottenteich.

Die aus einer polnischen Künstler- und Dissidentenfamilie stammende Paulina Schulz behauptete ein „energetischer Mensch" zu sein, sowohl als Schriftstellerin wie auch als Übersetzerin von Bestsellerautorinnen wie Manuela Gretkowska oder Maria Nurowska. Identität, Pubertät und Sexualität interessierten sie besonders. „Ich mache mein Ding, bin seit Jahren ein Einzelkämpfer und fahre gut damit." Nachdem sie Erfahrungen im hocherotischen Jahrbuch „Mein heimliches Auge" gesammelt hatte und ihre Leser in eine illustre „Wasserwelt" eben im konkursbuch Verlag Claudia Gehrke eintauchen ließ, kam das verlockende Angebot, für den in Eisenach geborenen und lange bei München lebenden Thomas Karsten für dessen Bildband „Women Only" zu schreiben und zusammen mit ihrer Freundin und weiterer Schönen nackt zu posieren.

Sie schrieb: „Nichts konnte ihnen gleichgültiger sein, als zu wissen, jemand schaute ihnen zu. Und was er dachte, sähe er ihr Spiel…" Unmittelbar zu sehen gab es sogar für den gastgebenden Erfurter Galeristen Jörk Rothamel nichts von dem lustvollen Geschehen, das sich in seinem Obergeschoss im Herzen Erfurts vollzog. Den vertieften Blick in diese interaktive Parallelwelt bekam auch er erst, als der großformatige Schwarz-Weiß-Band im Sommer 2004 ebenfalls im konkursbuch Verlag erschien – das lichtbildnerisch aufgezeigte gegenseitige „Begehren unter selbstgewählten Bedingungen". Es lag nicht nur am Whisky, dass mir die Buchmessen erfahrene Paulina in den Band mit Kugelschreiber schwungvoll „Ich war dabei!" mit auf den Heimweg gab.

Kein Tröpfchen Alkohol im Spiel war bei der Begegnung mit der in Wittenberg geborenen Antje Wagner, die mit Titeln wie „Lüge mich" oder „Mottenlicht" und später mit „Der Schein" und „Hyde" bei verschiedenen Verlagen erfolgreich sein sollte. Der Sommer hatte die Bordsteine am Erfurter Hauptfriedhof aufgeheizt, und wir standen vor dem Grabdenkmal meiner Familie aus dem ausgehenden Jugendstil von Professor Ewald Hahn. Im Nachgang wird sie im TA-Büchlein „Ein Zimmer im Briefumschlag – Liebesbriefe aus Erfurt" über mich als erklärend durch den Park Führender schreiben: „Vielleicht bannt jemand, wenn er sein Grab ins Leben holt, die Bedeutung des Todes. . . Vielleicht liegt dort seine Angst vor dem Nichts."

Schweigend gingen wir den Weg vom Grabfeld 6 zum nahen Parkplatz. Dort überfiel uns beide lähmendes Ent-

„ Es ist einfach.
Es ist immer dieselbe
Entscheidung.
Entweder man geht.
Oder man bleibt. "

Für den flinken Wolf

Eine schöne Lesefreude !

Wie sehr herzlich

Andy Wagner

Juni 2006

setzen – jemand hatte dem metallicgrünen Golf die Fahrer-
tür aufgebrochen. Sekunden später wäre gewiss ihre achtlos
abgelegte Handtasche auf dem Sitz verschwunden. So kamen
wir zu spät und doch rechtzeitig. Auch ihrem für mich mit-
gebrachten Erstling „Der gläserne Traum" war nichts gesche-

hen. Wie anders hätte es sein können, wenn der nachmittägliche Dieb oder die Diebin gewusst hätten, dass sich hinter dem schlichten Titel die erotischen Sehnsüchte zweier Frauen verbargen…

Gänzlich ohne solche und ähnliche Vorkommnisse blieb das Treffen mit der oft durch Stipendien geehrten Katharina Bendixen aus Leipzig; es war der spezielle Wunsch von Marcel Krummrich fürs TOP Magazin Thüringen die Schriftstellerin und Übersetzerin unter der Schmidtstedter Brücke zu fotografieren – ein Ort mit Kunst und Musik, der ihr sichtlich viel Spaß bereitet hatte. Nun posierte sie im rohgezimmerten Sessel am rauschenden Flutgraben. Ob sie Anregungen für ein weiteres Abenteuer ihrer Kinderreihe „Zorro, der Mops" fand? Möglich ist es, lautet doch einer ihrer Buchtitel „Ich sehe alles".

Wir waren also über und unter der Stadt mit ihr unterwegs. Sie kam mit dem Fahrrad von ihrem romantischen Dachidyll am Rathaus in den Waschsalon „Café Schongang" und hatte praktischerweise gleich ihre Wäsche im Rucksack mitgebracht. Während die Trommel rotierte, erzählte sie von ihren Prosaminiaturen über „blühende Landschaften" im Thüringischen. Die vier Monate in Erfurt empfand sie als „großes Privileg" und verriet sogar, mit einem Roman auf der „Zielgerade" angekommen zu sein. Dass dieser nicht in Erfurt spielt, ist vielleicht gar nicht so traurig, denn in ihren magischen Welten verschwinden einfach so ganze Städte mit leisen Tönen…

Als ihre Wäsche im Schongang fertig war, verabschieden wir uns auf irgendwann. Ohnehin wartete nach dem Kurz-

leben in der Stadt noch viel Neues auf die Autorin des „Whiskyflaschenbaums".

Schließlich soll aus meinem Blick auf literarische Treffs ein hier versammeltes solodichtendes Damenquartett werden. Denn, sie muss unbedingt erwähnt werden, die abendliche Barfußlesung der Wahlerfurterin Julia Kulewatz auf dem Barhocker in einer wassergefüllten Grotte der heimischen Galerie Panse. Dort las sie, die an der Uni Erfurt ihre Doktorarbeit zur schwarzen Romantik schreibt und in Erfurt sowie Südkorea studierte, vor einem gespannten Auditorium aus ihrem Erstling „Vom lustvollen Seufzer des Sudankäfers" aus der ed(ition). cetera. Dies, während die lauschenden Damen ihre Schuhe amüsiert rund um das Teichlein versammelten und die Herren sie später nach der Lesung wieder zu finden und einzusammeln hatten.

Weiteres über deren in Kurzgeschichten festgehaltenen Begegnungen zwischen Mythos und Magie, Diesseits und Jenseits, Frau und Mann, Gut und Böse, Leben und Tod war jüngst in „Jenseits BlassBlau" in der Edition Roter Drache nachzulesen. In Julias wohlkomponierten Textminiaturen kommt es eben vor, dass Frauen Schmetterlinge halt Schmetterlinge sein lassen und besser „kalt duschen" gehen oder dass Wolken mitunter in Zugzwang geraten… Von der quirlig-agilen Julia mit den großen, neugierigen Augen sowie ihren rätselhaften, weil unbekannten Sturmfrauen oder dem Erfurter Kaktuskleid wird man gewiss noch einiges zum Lesen und Staunen bekommen.

Ich jedenfalls bin gespannt auf ihre schier unerschöpflichen Sehnsuchtsfantasien.

Michael Triegel

Sehr geehrter Herr Leißling,

haben Sie ganz herzlichen
Dank für den guten
Artikel in der Thüringer
Allgemeinen. Ich habe
mich sehr gefreut, Re-
sonanz aus der alten
Heimat zu bekommen.
Es grüßt Sie recht freund-
lich

M. Triegel

10.10.2003

Er malte Jesus und den Papst

Was haben die Maler Raffael, Francis Bacon und Michael Triegel gemeinsam? Sie alle haben einen Papst gemalt, original oder nach Vorlage. Triegel (geb. 1968) und ich haben gemeinsam Erfurt als Vaterstadt. Diese Tatsache wiederum vereinfachte unsere erste Begegnung in dessen Sonneberger Ausstellung, fünf Jahre bevor es quer durch den Blätterwald rauschte, dass ein Ostdeutscher den Auftrag bekam, den amtierende Papst Benedikt XVI. zu porträtieren. „Diesen wohl einmaligen Auftrag für das Regensburger Institut bekam ich nach meiner Ausstellung in Würzburg, als ein Beauftragter des dortigen Bischofs auf mich aufmerksam wurde."

Schon als wir uns in der südthüringischen Galerie gegenübersaßen und über Kunst redeten, erwies sich für mich, welche profunden Kenntnisse Triegel als brillanter Meisterschüler von Ulrich Hachulla an der Leipziger Hochschule für Grafik und Buchkunst nicht nur über die Bildwelt, sondern auch die christliche Kirche und deren Ikonographie hatte.

Triegel hatte sich damals etwas getraut. So wagte er es, Christus als ganz normalen Mann zu malen. Da war nämlich einer, der sich als Wiedergeborener ohne schützendes Lendentuch den Augen der Menschen darbot. „Eine Auferstehung" nannte er das Acrylgemälde für Würzburgs Diözesan-Museum. „Ich bin", sagte er mir damals – inzwischen wurde er in einer Osternacht in Dresden katholisch getauft – „kein gläubiger Mensch, sondern ein figürlich arbeitender Maler, der sich aber als solcher stets der Reinheit und Wahrheit verpflichtet sieht." Um eine Provokation sei es ihm bei der männlichen Nacktheit nicht gegangen, da er sich nur der christlichen Ikonographie verbunden fühle. Was aber Missverständnisse zwischen Künstler und Auftraggeber nicht ausschließt. Triegel erklärte dem Bischof im offenen Brief, dass er sich sehr persönlich mit der Auferstehung auseinandergesetzt hätte.

Es war der Malerprofessor vom Panorama-Berg in Bad Frankenhausen, Werner Tübke, der seinerzeit bei der Bitte um eine Predella aus gesundheitlichen Gründen passen musste und spontan empfahl: „Rufen Sie doch den Triegel an, der wird es machen!" Er machte, übernahm den Staffelstab nur zu gern und überzeugte. Wer dem klug argumentierenden Maler zuhört, spürt, da ist ein Künstler, dessen verführerische Sichten und handwerkliche Virtuosität sehr wohl manche Geister zu scheiden vermögen. Wahrlich, man könnte sich bei diesem „Wiederentdecker der Kunstgeschichte" die Augen reiben. Denn sein ebenso raffinierter wie ironischer und mitunter parodierender Bildkosmos kommt mythologisch und biblisch daher, ist so durchdacht, als hätten ein Caravaggio, Bellini oder Jahrhunderte später ein de Chirico und Max Ernst mal eben das Atelier verlassen und ihm den Pinsel in die Hand gedrückt. „Bella Maniera" nennt er seine so suggestive Malweise, die längst

Verehrer wie Yoko Ono oder Wolfgang Joop zählt. Triegel gehört zu den berühmt gewordenen Studenten Arno Rinks wie etwa ein Neo Rauch. Doch statt wie manch andere Kommilitonen über lukrative Modernismen zu sinnieren, malt er, der im Weimarer Park am Sommerpraktikum bei Otto Paetz teilnahm, nur das, was er schon immer wollte. „Aufmerksamkeit habe ich nicht bewusst gesucht, sondern gemalt, was ich konnte. Dabei wissend, dass ich mit anderen Menschen die Sehnsucht habe nach dem Wunderbaren und der figürlichen Kunst bis zum Extremem."

Was er meinte, zeigte auch sein „Karfreitagsstillleben", darauf ein rustikales Kreuz mit pulsierendem Herzen und ins Räderwerk eingreifenden Fischen – das war schon verstörend. Ich empfand es einmal mehr als ein Werk des zweiten Blicks, das unter der lasierenden Oberfläche auf den zum Metaphysischen neigenden Kunstfreund setzt. Ja, für Michael Triegel ist das Neue eben auch das Alte und legt authentisch Zeugnis ab gegen manche Hässlichkeit in der zeitgenössischen Moderne.

Mit den Jahrzehnten entstanden Hunderte von Malereien – meterhoch oder handtellergroß. Die Sammler stehen Schlange bei solch vertracktem Geschehen zwischen Personifikation und Mystifikation. „In meinen Bildern befrage ich mich häufig als (Heiligen) Sebastian und meine, wo die Religion in der Moderne versagt, muss die Kunst einspringen. Dabei bin ich mir selbst mein Forschungsobjekt." Das irdische Einspringen in das altmeisterliche und surreale Szenenspiel sind Ehefrau, Kind und Freunde längst gewohnt. Es fällt nicht schwer, diesen dem Dialog so offenen Maler sympathisch zu finden, und man wähnt sich herausgefordert, wenn er gar von seinem Werken als „Schinken" spricht. Doch gleichzeitig weiß man, wie ernst es der romantische Einzelgänger meint: „Wenn es Kunst ist, dann ist das Werk heiliger als der Autor" gibt er mit auf den Heimweg und verrät dann noch etwas bislang Geheimes: „Ich träume davon, einmal den Papst zu malen." Irgendwann wollten wir bei einem Bier in Erfurt auf diese Intention zurückkommen. Zu dem Bier kam es freilich nicht, aber für ihn zum einmaligen Auftrag.

Und dann war er 2010 vom Heiligen Vater zurück. Ich rief ihn an und erinnerte an jenen Satz in Sonneberg. Es sprudelte nur so aus ihm heraus in seinem Leipziger Atelier. Er sei tief bewegt und überaus beeindruckt aus Rom zurückgekehrt. „Zur Generalaudienz hatte mich Papst Benedikt XVI. mit den Worten begrüßt: Da ist ja mein Raffael!" Ein Erfurter in Rom, beim Papst, und dann noch in der ersten Reihe vor den Absperrungen. Da fehlten ihm anfangs ein wenig die Worte. „Entgegen meiner früheren Erwartungen durfte ich im Vatikan während der anderthalbstündigen Audienz auch kurz mit dem Papst sprechen, konnte ihn zeichnen und fotografieren. Stolz bin ich zudem, dass dabei einige Fotos vom Pontifex und mir entstanden", das memorierte er damals für die Leser der „Thüringer Allgemeine" und ähnlich auch für die ihn vertretende Leipziger Galerie Schwind.

In der Nachpapstzeit schuf Triegel zahlreiche Andachtsbilder, Porträts und einen Hochaltar. Wie stets sah man ihn allmorgendlich ab 8 Uhr in seinem Leipziger Atelier. Dort gestaltete er erstmals Kirchenfenster für die Schlosskirche zu Köthen. Einen besonderen Auftritt hatte er mit seiner begeistert aufgenommenen Werkschau im Angermuseum der Heimatstadt, die sein großformatiges Gemälde „Verwandlung der Götter" mit Hilfe des Fördervereins ankaufte. Es ist ein Rätselbild aus Zeiten des Umbruchs, der Veränderung und der Verunsicherung, „weil wir alle durch die Welt taumeln" gibt Triegel dem Betrachter zu bedenken. Doch er ist ein Optimist und bereichert diese gefährdete Welt daher mit seinem bildnerischen Bekenntnis zum Wahren, Guten und Schönen.

Irgendwann sollten wir beim Bier über seine neuen Träume reden.

Gabriele Stötzer

Auf dem Fußboden mit einer Mützenlosen

Es gab Zeiten, da wechselte in Erfurt mitunter ein Mensch die Straßenseite, weil ihm diese schlanke, dunkelhaarige Frau vermeintlich zu nahe kommen könnte, und später, als es das Land DDR nicht mehr gab, da fürchteten sie manche jener Seitenwechsler, wenn sie etwa im Schauspielhaus 1989/90 mit ihrer Stimme als Dissidentin anklagte: „Es ist vollkommen unsinnig, Kompromisse zu machen, weil danach gelten sie nichts." Sie war die Frau, die ihre Hände zum Schreiben leerräumte und deren Aktivitäten die Staatssicherheit mit Worten wie feindlich negativ, dekadent und zur Subkultur gehörend kriminalisierte.

Ich lernte Gabriele Stötzer (geb. 1953), damals noch Kachold, in der von ihr geleiteten Privatgalerie Peinzger über dem Küchenhaus am alten Angerbrunnen von Erfurt kennen. Hier gaben Punker wie die autodidaktisch malenden Christian Duschek („C.D. Spinne") sowie Ralf Gerlach („Rambo") den Ton an und drängten sich alternative Kunstfreunde aus den Bezirken der DDR bis die im Gedränge der Besucher immer präsente Staatssicherheit die „Galerie im Flur" verbieten ließ. Das war schon 1981.

Die in Emleben bei Gotha geborene Schriftstellerin, Grafikerin, Fotografin, Filmerin, Textilgestalterin, Performerin und Keramikerin ist „eine der wichtigsten Künstlerinnen Ostdeutschland wie auch eine mutige politische Persönlichkeit" lobte sie ein Text zur Ausstellung „Gabriele Stötzer. Schwingungskurve Leben" 2014 im Weimarer Schiller Museum. „Ich wollte nicht eure Ordnung" betonte sie immer wieder. Und was sie wollte, das nannte sie literarisch im Titel „zügel los" (Aufbau Verlag) und „grenzen los fremd gehen" (Janus Press Verlag) oder beschrieb es als „Das Leben der Mützenlosen" (P. Kirchheim Verlag). Hier wie dort waren es immer auch ihre Bilder aus dem intellektuellen Untergrund von Thüringen, in Berlins Szene vom Prenzlauer Berg und anderswo. Sie hoffte trotz allem: „Vielleicht ist der Tag morgen besser."

Einen halben Tag waren wir damals zusammen, teils auf dem Fußboden ihrer Erfurter Wohnung sitzend, inmitten von Manuskriptseiten, Zeitungen und Schwarzweißfotos, sie auf den Knien und ich in der Hocke, solange es eben ging. Wir tranken Alkoholfreies, redeten über die Rolle der Weiblichkeit und wie meine so freimütig mit nackten Körpern umgehende Gesprächspartnerin im dritten Wendejahr neu bei sich selbst angekommen war. Provokation, Lust und Kreativität wurden bei Gabriele Stötzer zu symbiotischen Lebensgefühlen. In ihrem Schreiben thematisierte sie nicht zuletzt ob vermeintlicher männlicher „Dampfwalzenerotik" verdrängte weibliche Sexualität: „...mit den männern hier lebe ich in der anderen dimension... es ist zu der realität die irrealität... das wenige was sie tun und das viele was sie wollen..."

Doch besonders eindringlich sprach sie vom „gestohlenen Leben" der Studentin für Deutsch und Kunsterziehung an der Pädagogischen Hochschule „Dr. Theodor Neubauer"

»Die Verschwiegene Bibliothek« wurde mit Unterstützung der Stiftung zur Aufarbeitung der SED-Diktatur realisiert. Die komplette Textsammlung ist bei der Stiftung Aufarbeitung archiviert.

Erfurt. Für sie galt unstrittig: „Die DDR war mir eine flä-chendeckende Heimsuchung. Ich wurde 1976 exmatriku-liert, weil ich die Petition zur Ausbürgerung von Wolf Bier-mann unterschrieb und verbreitete. Ein Jahr später sperrte man mich wegen Staatsverleumdung ins Zuchthaus nach Burg Hoheneck bei Stollberg – für sieben Monate. Das ver-gisst man nie, so wie die Klopfzeichen der Zellennachbarin, das Denken an der Tischplatte sowie das Weiterdenken des Möglichen in Literatur und Kunst." Nachzulesen ist auch dies in dem Band „Die bröckelnde Festung" – erschienen 25 Jahre nach ihrer Entlassung, ein schmerzhaftes Buch der Erinnerungen im P. Kirchheim Verlag.

Wieder in ihrem heimischen Kiez folgten 1977 die übliche „Bewährung in der Produktion" von Schuhen und eben das Leben der Mützenlosen mit ihren weiblichen und männli-chen Freunden in der Altstadt, alles andere als asozial, aber eben ausgestoßen. Doch ein noch so waches Auge des Ge-setzes könnte irgendwann nichts mehr verhindern, schon gar nicht, dass die Künstlerin 1989 zu jenen nonkonformen mutigen Frauen gehörte, die Erfurts Stasizentrale hand-streichartig erstürmten. Dann half sie, ein Kunsthaus nicht nur für Frauen in der Michaelisstraße aufzubauen. Man kann gar nicht so viel Kaffee neben ihr auf dem Fußboden trinken, will man alles notieren, was diese Frau zwischen Alltagspoesie sowie Rap- und-Punk-Rhythmen in ihren Bü-chern festhielt.

Bei einem ihrer Kunstobjekte wiederum widmete sie sich in der Andreaskirche gegenüber ihrer einstigen U-Haft-Zelle zartporzellinen Engeln. „Und ich fragte mich, waren es viel-leicht Engel, die mich im Gefängnis in meiner Abgeschie-denheit behüteten und auf Händen trugen?" Diese und an-dere Antworten auf Fragen eines einschneidenden Lebens hat sie sich längst selbst gegeben mit ihren Büchern, den Vorträgen oder Arbeiten für nationale und internationale Kunstschauen wie der Exposition „Einschluss" in der eins-tigen Stasiuntersuchungshaftanstalt von Erfurt.

Der aufrechten Oppositionsrolle bedarf es für die Rehabili-tierte mit nachträglich zuerkanntem Pädagogendiplom nicht mehr, aber des gesellschaftlichen Einspruchs – immer, etwa in der Erfurter Gruppe „Frauen für Veränderung" oder bei Veranstaltungen der Stasi Unterlagenbehörde. Nach wie vor karikiert sie Menschen mit aufgerissenen Mündern, wilden Gesten und großen, wachen Augen. Denn: „Der Ausreden sind zu viele gesprochen."

Wie schrieb sie doch aus dem Leben der Mützenlosen: „Es war wie ein Ankommen. Im Ankommen weiterkommen, das war es" und ist es ganz gewiss auch geblieben bis auf den heutigen Tag – endlich ohne Angst und Schweigen und „Erfurter Roulette"...

Magdalene Kunze

ERICH HECKEL
LEBENSSTUFEN
Die Wandbilder im Angermuseum zu Erfurt

21.8.91
Sehr geehrter lieber Herr
Ich möchte Ihnen noch
mal herzlich Dank
für Ihren freundlichen
zu meinem Geburtstag
Allerbeste Wünsche und
Grüsse für Sie und Ihre Frau
Ihre Magdalene

In der Wohnung eines Engels

Für uns Weltliche ist die Begegnung mit einem Engel eher selten und doch gibt es diese, wenn man Glück hat. Mein journalistisches Glück hieß Dr. Magdalene Kunze (geborene Rudolph, 1901–1992). Nachdem die Nazis ihren späteren Ehemann Prof. Dr. Herbert Kunze (1895–1970) als missliebigen „Kulturbolschewisten" aus dem Amt als Direktor des Angermuseums vertrieben hatten, durfte die in Erfurt Geborene das 1886 von Bürgern gegründete Haus kommissarisch leiten und blieb ihm über vier Jahrzehnte treu. Wir trafen uns in ihrer Wohnung am südlichen Flutgraben, die das Herz jedes Liebhabers von Kunstliteratur hochschlagen ließ.

Es gab einen besonderen Grund für diesen persönlichen Besuch bei der Ruheständlerin: der Heckel-Raum im Erdgeschoss des Museums – das wichtigste Wandbild des deutschen Expressionismus. Der eher zurückhaltenden Kunsthistorikerin war es beschieden, mit Zivilcourage ein einmaliges Kleinod vor der Zerstörung zu bewahren. Bei dem hochgewölbten Raum handelte es sich um großflächige Wandbilder zu den menschlichen Lebensstadien. 1921 wurde der expressionistische Künstler Erich Heckel (1883–1979) beauftragt, den kleinen Museumsraum auszumalen. Er schrieb damals: „Der Auftrag ist gleich verlockend wie aufregend und voller Schwierigkeiten." Magdalene Kunze erinnerte sich genau: „Heckel kannte den Raum noch gar nicht, als er zustimmte. Und als er ihn sah, wusste er, dass auf dem Kalkmörtelputz statt Fresko nur die Seccotechnik mit Kalk und Kasein möglich war." Heckel reiste von nun an öfter nach Erfurt und übernachtete beim legendären Schuhfabrikanten und Kunstmäzen Alfred Hess (1879–1931), der auch – wie immer großzügig, wenn es um das Angermuseum ging – das Geld für dieses wichtige Projekt der Moderne gab.

Am 16. Juni 1923 schließlich konnte der Raum feierlich eröffnet werden, gleichwohl er malerisch nachgebessert erst 1924 fertiggestellt war. Doch die Freude über dieses einzige Wandbild Heckels währte nicht lange, da die in Thüringen aufgekommenen Nazis keinerlei Verständnis für die Sammellust der Museumsdirektoren Walter Kaesbach und Herbert Kunze hatten. Künstler wie Feininger, Crodel, Marcks, Nolde, Pechstein, Schmidt-Rottluff, Kirchner, Barlach usw. entsprachen nicht ihren völkischen Vorstellungen von Kunst. „Und dann kam das Jahr 1937" hielt Frau Kunze einen Moment wehmütig inne und blätterte in einem der ausgelegten Ausstellungskataloge auf dem Tisch: „Die braunen Kulturfunktionäre befragten meinen Mann eindringlich nach sämtlicher für sie anrüchiger Kunst und dachten zum Glück nicht an den Heckel-Raum." In der bitteren Konsequenz verlor das Museum während der Schandaktion „Entartete Kunst" am 3. September 1937 mehr als 765 Werke der Klassischen Moderne. Der missliebige Kunze wurde seines Amtes enthoben und erhielt sogar Hausverbot.

„Was konnten wir gegen die staatliche Willkür der Nazis unternehmen?" fragte sich die ohne ein entsprechendes Gehalt amtierende Chefin Magdalene Rudolph damals. Doch bald reifte in ihr – der bisher wissenschaftlichen Assistentin und Sekretärin des Kunstvereins – doch eine kühne Idee: „So wurde kurzerhand der Zugang zum Heckel-Raum provisorisch mit einer Sperrholzplatte verschlossen und davor die hohe Holzplastik eines gotischen Verkündigungsengels postiert." Bei dem Engel handelte es sich um einen aus dem Mittelfränkischen kommenden Heiligen Gabriel (1510/20) aus Lindenholz. Er sollte jetzt irgendwie Wacht vor dem Werk des späteren Kunstschöpfers halten und streckte dem Betrachter beide Arme entgegen, als wolle er gestenreich sagen: Hier bin nur ich, mehr ist da nicht zu sehen. So beschützte er ein bildnerisches Lebenspanorama zur geistigen und körperlichen Entwicklung des Kindes zu Frau und Mann mit zahlreichen unidealisierten Persönlichkeiten wie beispielsweise Heinrich George und die dem Dichter nahestehenden Mitglieder seines legendären Freundeskreises.

„Wir hatten wahrlich Glück mit unserem Holzengel. Und so begann die Zeit des großen Schweigens, sowohl des Kulturverantwortlichen aus dem Rathaus als auch aller Mitarbeiter unseres Hauses." Was die couragierte Frau im Falle des Verrats erwartet hätte, wäre gewiss mehr als nur die Entlassung aus dem Dienst gewesen. Ein frohes Ereignis aus jenen Jahren war, dass sie 1942 ihren Herbert heiraten konnte. „Doch dann fielen die Bomben auf Erfurt, zerstörten Teile des Angermuseums, und ich musste mich um die Auslagerung des Kunstgutes kümmern. Das war eine schwierige, traurige Zeit."

Allerdings zeigte sich nach dem Krieg, dass der mit dem Engel hermetisch verschlossene Raum keine Zirkulation der Luft ermöglichte und aufsteigende Feuchtigkeit das ihre getan hatte. Wohl wurde der Raum 1948 wieder geöffnet, doch blieb genügend denkmalpflegerische Arbeit über viele Jahre für Herbert Kunze als rehabilitiertem Direktor und auch seine späteren Nachfolger im Amt, um dieses Kleinod zu erhalten. In einem aber waren sich alle Direktoren einig, ohne Magdalene Kunze würde der Heckel-Raum nicht mehr existieren.

So rettete ein weiblicher Engel das in ihm überaus sinnlich bebilderte Leben der Menschen. Kurz vor ihrem 90. Geburtstag sah ich sie zum letzten Mal. Der 1992 im Verlag der Kunst zu den Wandbildern erschienene Band „Erich Heckel Lebensstufen" war ihr gewidmet. Sie hat ihn nicht mehr in den Händen halten können.

Wovon wir weg mussten, war uns klar. Wohin wir kommen würden, stand allerdings weniger fest.

(Erich Heckel)

Rolf Hochhuth

Ich hatte seine Geheimnummer

„Sie berauben die Bürger… zum zweiten Mal … jetzt durch ihre Treuhand." Das war so ein Satz, fest wie in Stein gemeißelt. Geschrieben hat ihn Rolf Hochhuth (1931–2020) in seinen Szenen „Wessis in Weimar" – einem umstrittenen, an 87 Theatern aufgeführten Bühnenstück, dessen erstes Buchexemplar der Fahrer von Helmut Kohl abholte.

Die Gelegenheit war günstig, weil der prominente Autor des „Stellvertreters" oder der „Juristen" auf Lesereise in Thüringen weilte. Wir trafen uns in einem Erfurter Restaurant, und ich erlebte etwas, das in wohl keinem Buch über diesen in Eschwege geborenen Schriftsteller und Impressario steht: er konnte in solchen Massen genüsslich essen, wie ich es noch nie sah. Während mich Vorsuppe, Hauptgericht und Dessert bald drückten, bestellte er fast das Gleiche noch ein zweites Mal. „Sie müssen etwas essen", mahnte er mich als 75 Kiloträger. Ich winkte ab. Und während mein Gegenüber mit der grünen Krawatte das Double des Mittags genoss, plauderte er amüsant und überaus kenntnisreich von seiner „Wessi"-Lesetour sowie über Hermann Oberth, den Raketenforscher und geistigen Vaters Wernher von Brauns, sowie den Nazirichter Hans Karl Filbinger, seinerzeit Ministerpräsident von Baden-Württemberg, den Hochhuth stürzen half.

Hochhuth, der gern die Jacke nur so locker über die Schultern warf, konnte sich gereizt in Rage reden, wenn er über Einar Schleefs radikale Strichfassung seines „Wessi"-Stücks in Berlin polterte: „Er hat mich getäuscht und hingehalten und mein Stück zertrümmert." Seine Lesereise zu diesem Schwarzbuch der deutschen Einheit sollte so manche seiner wahren Optionen geraderücken. Ihm wäre es immer um individuelle Menschen, Täter und Opfer gegangen und nicht um Chöre auf der Bühne, verteidigte er sich. Erwin Piscator und Fritz Kortner, das waren noch Regisseure, schwärmte er damals, bei denen die Dramatiker oft in deren Nähe saßen. (2006 wollte Hochhuth aus Ärger über Intendant Stephan Märki die Uraufführung seiner Irrenhaus-Groteske „Heil Hitler!" am DNT Weimar verbieten lassen – sein Vorwurf: Geschichtsfälschung).

Seinem Appetit freilich vermochte der häufige Ärger an jenem Tag wenig anzuhaben. „Sie interessieren sich doch für Burgen", meinte Hochhuth (Ich hatte ihm den mit meinem Freund Georg Menchén geschriebenen Band „Burgen zwischen Werra und Elbe" geschenkt) und hob sein Glas mir zuprostend zu: „In meinem ‚Wessi'-Stück habe ich nämlich auch gefragt, was denn aus den Schlössern Thüringens wird nach der Wiedervereinigung?" Damals konnte ich ihm gegenüber nur hoffen und nicht ahnen, dass einige davon dank zurückgekommener Besitzer zu neuem Leben erwachten, aber nicht wenige ob westlicher Glücksritter und Spekulanten dem Verfall preisgegeben werden sollten – wie etwa Schloss Reinhardsbrunn, der berühmten Grablege der Thüringer Landgrafen.

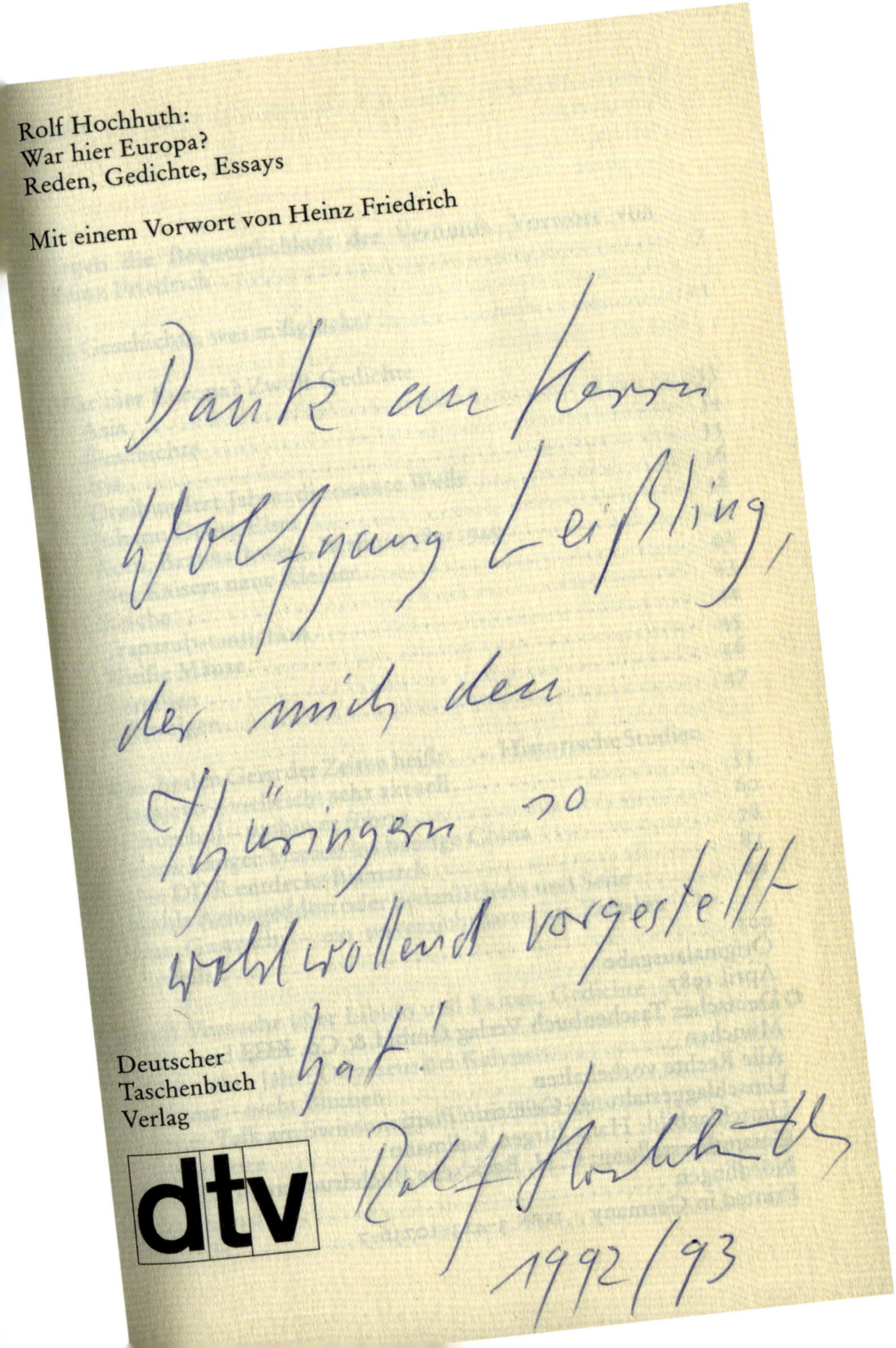

Rolf Hochhuth:
War hier Europa?
Reden, Gedichte, Essays

Mit einem Vorwort von Heinz Friedrich

Dank an Herrn Wolfgang Leißling, der mich den Thüringern so wohlwollend vorgestellt hat.

Rolf Hochhuth

1992/93

Deutscher
Taschenbuch
Verlag

dtv

Mit Geschichte konnte man dem vielkritisierten Autor nur zu gern kommen, und Humor hatte der Ossi-Freund besonders an Ekel Alfred aus den 1970ern in der BRD und erlebte ihn „mit größtem Vergnügen". Es war nicht das letzte Mal, dass wir in Erfurt ein Mahl zusammen einnahmen, zuletzt im Restaurant des Kaisersaals. Später blieb es beim Telefonieren in den fünften Stock eines Plattenbaus mit Blick auf das Holocaust-Mahnmal. Von hier aus gebot er zudem namens der Holzapfel-Stiftung über die Vermietung des Berliner Ensembles. Auch da ging es nicht ohne Ärger mit den Intendanten ab.

Wann immer die „Thüringer Allgemeine" eine zeitkritische Stimme zu aktuellen Themen im Feuilleton brauchte, Hochhuth, der Teetrinker, lieferte sie, getippt auf einer Triumph-Schreibmaschine. Darunter den Verriss von Johann Kresniks choreographischem Theater „Jünger" an der Berliner Volksbühne. Für alle Fälle hatte ich seine private Geheimnummer.

Die Wahrheit ist aber nicht symbolisch. Sie ist konkret.

(Rolf Hochhuth)

Wilhelm Schmid

Man kann nicht immer glücklich sein

Die Botschaft blieb für mich geheim. Er entnahm sie einem vietnamesischen Glückskeks, mit dem ich ihn begrüßte und – überraschte. Wir trafen uns in einem italienischen Café, da er morgens seinen Espresso am Liebsten an einem Ort genoss, wo er seine Ruhe haben konnte, sozusagen das kleine Glück. Er, das war der in Billenhausen (Bayerisch-Schwaben) geborene Philosoph und außerplanmäßige Professor an der Universität Erfurt: Wilhelm Schmid (geb. 1953). Es stehe nicht gut um das Glück, bekannte er und steckte das schmale Zettelchen genüsslich in die Jackentasche.

Eine Ratgeberstunde hatten wir vereinbart, also kamen wir gleich zur wichtigsten Frage: Wie wird man glücklich? Antwort: „Man kann auch im Unglück noch das Glück suchen und finden. Ich plädiere für die Kunst der heiteren Balance und rate, für ein schöneres Leben zunächst einmal mit sich selbst befreundet zu sein." Das kriegen viele noch hin, kommentierte ich und bohrte nach: Leben wir in überschätzt glücklosen Zeiten, oder haben wir nur einen allzu persönlichen und erwartungsvollen Begriff vom Glück? Nun ja, gibt der durch die Talkshows reisende Wahlberliner zu, die Glückserwartungen seien schlicht wahnsinnig. „Das Leben ist kein Paradies, es besteht aus schönen und weniger schönen Seiten. Jene von uns beweisen Lebenskunst, die Schönes und weniger Schönes gut leben können. Aus schönen Momenten kann man unglaublich viel Energie beziehen."

Zeit, den Begründer der Psychoanalyse Sigmund Freud zu zitieren, der skeptisch meinte, Glück werde immer mit Unglück bezahlt. Schmid argumentiert mit Alltäglichem: „Es hat noch nie ein Leben gegeben, das nur aus Glück und nicht ebenso aus Unglücklichsein besteht. Gerade von einer Erkältung kuriert, erlebe ich, wie wahnsinnig schön es ist, wieder raus an die frische Luft gehen zu können. Reines Glück existiert nur in Momenten. Das Unglücklichsein muss man nur lernen, um leben zu können." Und wenn es nicht klappt, kommen die Glücksimpulse Dopamin und Serotonin aus der Pille? Da besänftigt der Professor, weil es sich ja um Drogen handelt: „Wir alle wissen, welche Folgen die Drogen haben, wenn sie übertrieben angewandt werden. Ebenso wissen wir, wie gut ein Glas Wein oder auch wie drei Flaschen davon wirken können. Drogen laufen auf ein Ausbluten des Körpers hinaus, wenn man übertreibt. Ab und zu einen Espresso, das ist meine tägliche Droge, ich weiß auch, was passiert, wenn ich 36 Tassen trinken würde." Das klingt überzeugend, doch behauptet er in seinen Büchern, dass Glück nicht das Wichtigste im Leben sei, vielmehr Sinn und Sinnlichkeit als Lebenskunst. Doch wie ist es bei sozialen, finanziellen oder partnerschaftlichen Sorgen? Auf Schmids Antwort war ich gespannt, zumal nach dem zweiten Espresso: „Menschen, die glücklich sind, wähnen sich zufrieden mit ihren Leben. Dauerhaftes Seifenblasenglück bedeutet, das Leben kommt zum Stillstand. Es sind willkommene Momente der Zufriedenheit, zugegeben. Wer jedoch ständig zufrieden ist, entwickelt Ängste, und hält sich auch fern von Menschen mit Problemen, da diese einen herunterziehen können."

Wenn man so will, ein Plädoyer für kleines Wohlfühlglück zufälliger Augenblicke in guter Gesellschaft. Der Professor etwas nachdenklich, zumal die Lautstärke im Café zugenommen hatte. Er gibt zu: „Das kleine Wohlfühlglück braucht man von Zeit zu Zeit durchaus reichlich. Das sind die kleinen oder großen Geschenke, die wir bekommen oder die wir vergeben. Man sollte in der Lage sein, diese Momente zu leben, doch ohne zu glauben, dass dies für immer so ist. Wir müssen sie auch wieder gehen lassen."

Schmid: „Es ist unter Glücksforschern nicht mehr umstritten, dass Geld bis zu einem gewissen Grad zum Glücklichsein beiträgt, aber ab einem bestimmten Punkt kontraproduktiv wird. Zuviel materieller Wohlstand ist Gift für soziale Beziehungen."

Apropos Geschlechter. Gibt es ein Männer- und ein Frauenglück? Offensichtlich, denn: „Männer sind glücklich, wenn sie an Sex denken, Frauen sind glücklich, wenn sie noch an etwas anderes denken können. Denn: ab

Glückssucher haben sich nicht zuletzt im Spirituellen bewegt. So prangt am Gothaer Schloss Friedenstein ein mittelalterliches Glücksrad. Immerhin glauben 40 Prozent der Deutschen an glücksbringende Symbole. Und mein Gegenüber? „Ich halte sehr viel von glücksbringenden Symbolen. Wenn ich unterwegs bin, habe ich in meinem Koffer kleine Gegenstände, die mir meine Kinder angefertigt haben und meine Frau hat mir Marzipanschokolade eingepackt." Ist Geld nicht auch so ein Glücksbringer? schob ich nach.

der siebten, achten Schwangerschaftswoche geht über die Föten im Mutterleib eine Testosterondusche nieder, was zu einer unterschiedlichen Gehirnentwicklung beiträgt." Nicht begreifen kann Schmid, wenn man keine Unterschiede zwischen den Geschlechtern wahrhaben will. „Sonst können wir das Spiel zwischen Männern und Frauen auch gleich sein lassen." Notwendiger Nachtrag: In meinem Glückskeks stand zu lesen: „Du wirst zu einem aufregenden Ereignis gebeten." Ich hatte es mit diesem Gespräch.

Wolf Vostell

Flucht in die Wirklichkeit

Man möchte fast alles, bloß kein Auto sein. Jedenfalls dann nicht, wenn Er in der Nähe ist, weil man nicht sicher sein kann, ob solch Gefährt hinterdrein nicht wie in einem Mafiathriller einbetoniert wird. Dennoch kam Wolf Vostell (1932–1998) in einer schicken Luxuslimousine mit Berliner Kennzeichen (B-N …) nach Gera und hat die Otto-Dix-Stadt auch mit dem gleichen Automobil wieder verlassen. Kein Grund zur Panik, als unser Gespräch in einem Flügel der spätbarocken Orangerie begann.

Wolf Vostell, eine „Kristallisationsfigur der internationalen Kunstgeschichte", lobte jene Ulrike Rüdiger als Direktorin der Kunstgalerie diesen breitschultrigen Mann, die viele Jahre später als Dr. Ulrike Lorenz zur Präsidentin der Klassikstiftung Weimar reüssieren sollte. Vostell, der Happening- und Fluxuspionier, trug an diesem Novembertag des Jahres 1993 eine schwarze Kappe, unter der seine Korkenzieherlocken hervorlugten, die ihm leicht über die rundrahmigen Brillengläser fielen. Einen Gehstock mit Kugelknauf zelebrierte er wie ein Dandy in der linken Hand. Zum ersten Mal waren 120 seiner Werke im Osten zu sehen, manche noch nie gezeigt, da erwies sich die Freude auf beiden Seiten groß. Mitgebracht hatte er beispielsweise das sechs Meter breite Blei-Beton-Bild „9. November 1989".

„Die Wende im Land und die Idee der Direktorin Frau Rüdiger führen mich hierher" bekannte er eingangs. „Ich habe allein zur Berliner Mauer rund 50 Arbeiten geschaffen und nun die Gelegenheit, im Osten auszustellen. So etwas Dialektisches wie Intermediales wie hier in Gera hat es noch nicht von mir gegeben. Grafik, gemischt mit Objekten und dann wieder Originale und Aktionismus. Das ist ebenso wenig alltäglich wie der gelungene Katalog."

Als ich diesen mit dem Titel „Wolf Vostell. Leben=Kunst=Leben" aufschlug, fiel mir eine Art faltbarer Bastelbogen in die Hände. Auf der dünnen Pappe zu lesen war etwa „Decollage ist dein Unfall… Decollage ist dein Tod… Decollage ist dein Leben." Vostell half mir beim raschen Zurechtfalten der Ereignisfigur zu seinem Thema „Ruhender Verkehr" – ein gerade noch so als fahrzeugartig in den Umrissen zu erkennendes Objekt. Auch ein Spielzeug. Mit seinen Auto-Happenings hat der gebürtige Flensburger wahrlich die Kunst auf die Straße gebracht. Da wurde ein Cadillac in Berlin auf dem Rathenauplatz einbetoniert in Form der nackten Maja, einem Opel Kapitän ging es nicht besser und auch nicht einem Jaguar.

Wie erklärt man solch ein die Alltäglichkeit völlig neu interpretierendes Kunstwerk dem einfach nur so Betrachtenden? Vostell hebt die rechte Hand wie zum Vortrag und trägt dann auch zwei Sätze vor: „Mich beschäftigt das Chaos dieser Welt, der Wahnsinn im Menschen. Es ist doch so, man kauft ein Auto und kauft den Unfall dabei gleich mit. Das ist so, wie zu viel Fernsehen, das krank macht." Wer möchte das bestreiten, kommentiere ich zustimmend. Aus der

meinen Söhnen
David und Rafael
gewidmet

Jetztsicht frage ich mich: Was wohl hätte Vostell, der Wegbereiter von Environment und Videokunst, mit dem Wissen um das aktuelle Internet angestellt, wäre ihm die Gleichzeitigkeit dieser Moderne und ihrer Gefahr schon damals bewusst geworden? Da hatte er fast noch Glück; er konnte sich an der für uns heute alten Tante Fernsehen abarbeiten, wie auch der Medienkünstler Nam June Paik. So mutierten damals sieben einbetonierte Fernseher zur „Endogenen Depression". Er visualisiert, was millionenfach passiert, eben psychologische Tatsachen und lässt sich im Katalog zitieren: „Ich möchte durch meine Arbeit Widerhaken im Bewusstsein hinterlassen."

Vostell hatte eine kalte Zigarre im Mund, und ich hielt artig mit dem Kugelschreiber einmal mehr beinahe Programmatisches fest: „Der Künstler kann nicht verändern, er kann nur hinzufügen. Ich arbeite mit gefundenem Leben, mit Kultgegenständen des Alltags. Statt Flucht aus der Wirklichkeit in die Unterhaltung setze ich auf Flucht in die Wirklichkeit."

Zur Wirklichkeit in Gera gehört der berühmteste Sohn der Stadt – Otto Dix. Wie steht Vostell zu ihm? „Die Ausstellung hat vom Urgedanken her einen Kontext zu Dix. Ich habe akzeptiert, dass Frau Rüdiger mich in seinem Geiste sah, natürlich nicht formal. Aber was das Kritische, Auffahrende und Pazifistische anbelangt, da fühle ich mich eben sehr wohl in seiner Gesellschaft."

Überhaupt der Osten, natürlich kannte er die sogenannte Leipziger Schule, wusste von Weimar als der Kulturstadt Europas und selbstredend von Gotha als der Geburtsstadt der deutschen Dadaistin Hannah Höch (den Preis ihres Namens bekam er 1979). „Doch die Seele hier kenne ich nicht, weil ich eben ein ausgesprochener Westmensch bin." Die Ausstellung in Gera war ihm eine Gelegenheit, etwas nachzuholen. Das einte uns sofort, als er sich aufmachte, in seiner Retrospektive den sich nach ihm drängenden anderen Kollegen etwa zu erklären, was es gar mit den sich aus einem Schlauchboot drängenden Gasmasken auf sich hat. Das Publikum einzubeziehen, war schon immer seine Sache, denn das „Theater ist auf der Straße".

Maximilian Graf von Bismarck

Unerwartete Post von Bismarck

Es geschah in den so aufregenden Monaten des ersten Jahres nach der Maueröffnung, als die sogenannte Wende noch keine Abgründe ahnen ließ. Post war gekommen an meine Privatadresse aus der Fürstlich von Bismarck'schen Brennerei GmbH, 2055 Friedrichsruh. Drinnen im großen Kuvert eine noble, persönliche Einladung von Maximilian Graf von Bismarck und dessen Gattin Barbara. Der Grund: ein Empfang am 3. September 1990 im Berliner Martin-Gropius-Bau anlässlich der Ausstellung „Bismarck-Preußen, Deutschland und Europa". Ich stand auf der Gästeliste der weitverzweigten Adelsfamilie. Wie kam ich zu dieser unerwarteten Ehre?

Der Grund war eher profan und lag nicht etwa im Branntwein, sondern im „Tag der Erfurter Gastwirte" im Juni des gleichen Jahres. Die Weinbrennerei Asbach & Co. aus Rüdesheim und mit ihr deren Partner die Kornbrennerei „Fürst Bismarck" sondierten die Marktlage im Thüringischen zwischen Weimar, Gera und Suhl. Es gab marktbekannte Pralinen sowie ein schwarzes Heißgetränk und für mich die Gelegenheit, Maximilian Graf von Bismarck für die TLZ ein paar Fragen zu stellen. Was führte wieder mal einen Bismarck nach Erfurt? Kaufmännische Antwort: „Wir wollten unseren Spitzenbrand vorstellen, und der geht auf meinen Urgroßvater zurück, für den Essen und Trinken stets wichtig im Leben waren." Was er auch in Erfurt während des Unionsparlaments, das 1850 in der Augustinerkir-

che tagte, wohl zu genießen wusste. Der Unternehmer ganz beiläufig: „Allerdings. Im Übrigen weiß ich natürlich, dass Fürst Bismarck hier Ehrenbürger war und werde während meines Aufenthaltes die Gelegenheit nutzen, die Augustinerkirche zu besuchen und jenes Haus am Anger 33 sehen, in dem er damals logierte."

Käme der Herr von Bismarck heute noch einmal hierher, würde er dort hocherhoben jene durchaus imposant wirkende Bronzeskulptur seines Ahnen vorfinden, die der in Tiefthals „Casa de Artistas" lebende Zeichner, Illustrator und Theaterplastiker Christian Paschold (geb. 1949) im Jahre 2004 für dieses repräsentative Gebäude der Gründerzeit schuf. „In Erfurt habe ich mir die diplomatischen Sporen verdient" ist dort zu lesen. Paschold liebt Geschichte. Seine bildnerische Sicht auf den Christianisierer Bonifatius und den Reformator Martin Luther zieren die Rathausfassade. Und noch mehr von ihm ist in Tiefthal zu sehen, besonders alljährlich im Sommer während des vom Allrounder Helmut Besser mit seinem Team veranstalteten Kunstfest für die ganze Familie.

Wir saßen in gemütlicher Runde, und es gab doch ein Glas Kornbrand und ein paar launige noch junge Erinnerungen des eloquenten Gesprächspartners aus Norddeutschland und Herrschers über ein landwirtschaftliches Gut mit 700 Hektar: „Bismarck hat die Einheit des deutschen Reiches vorangetrieben. Daher haben wir auf die Nachricht von

Honeckers Sturz mit einem Glas Fürst Bismarck angestoßen." Kulturfrage an den Erben: Damals liefen gerade Filme über Bismarck im TV. Wie fanden Sie deren Bebilderung und Dramaturgie? Antwort: „Ich habe die Filme im Fernsehen der DDR und der BRD verfolgt und muss sagen, dass mir die östliche Variante mit Wolfgang Dehler als Bismarck eher zusagte als die westliche mit Uwe Ochsenknecht."

Und dann kam die große Schau in Berlins Martin-Gropius-Bau mit dem Exkurs zu einem Reichskanzler, den der glücklose und kriegstreibende Kaiser Wilhelm II. 100 Jahre zuvor aus dem Amt entlassen hatte; der ihm unbequeme Lotse musste von Bord gehen… 280 internationale Institutionen und Sammler hatten über 1.000 Exponate zur Ausstellung beigetragen, darunter Museen aus Weimar und Rudolstadt. Beim kurzen Rundgang mit Bismarck machten wir uns gegenseitig auf regionale Bezüge aufmerksam, ich auf die „Illustrierte Zeitung" von 1850 zur Eröffnung des Unionsparlaments in Erfurt und der Unternehmer auf eine Bronzebüste des Urgroßvaters von Reinhold Begas aus dem Jahre 1886.

Gegner und Befürworter Bismarcks sind sich einig: Fürst Bismarck ist eine zentrale Persönlichkeit der Geschichte: Blut- und Eisenkanzler, Machtpolitiker und Sozialistenhasser, aber auch Diplomat und Naturfreund. Von all dem erzählte die Ausstellung und vom mit 500 „patriotischen Türmen" seines Namens verbundenen Personenkult. Inzwischen interessieren sich vielerorts auch selbsternannte Bilderstürmer für diese und andere personelle Denkmale und wollen sie „abräumen"… Doch, alles Kontroverse nicht zuletzt um den Vorbereiter der deutschen Kolonien freilich ging an jenem Abend irgendwie unter bei Bismarck-Heringshappen, Pumpernickel und Fürstlichem Doppelkorn… Ein Abend, den man nicht vergessen konnte. Und wer nicht geladen war, hatte als DDR-Bürger nach der launigen Eröffnung freien Eintritt. Zur besonderen Erinnerung wechselten in später Stunde auf dem Hotelweg in die Friedrichstraße ein paar kantig herausgebrochene Mauerstücke als Souvenirs in meine stets begleitende Umhängetasche.

Wenige Wochen später kam erneut Post aus Friedrichsruh im Lauenburgischen Sachsenwald – einem Geschenk Kaiser Wilhelm I. zum Dank für die mit dem Krieg geschaffene Reichsgründung von 1871. Hier lebt ein Teil seiner Familie noch heute und wurde Bismarcks Mausoleum gebaut, das jenem des Ostgotenkönigs Theoderich von Ravenna nach-

empfunden ist. Der schmale Brief enthielt ein Taschenbuch Otto von Bismarcks „Über die Natur". Der Staatslenker schrieb darin: „Nun die Natur selbst: Zu ihr sucht der Mensch unserer Zeit in ein neues Verhältnis zu kommen. Millionen entdecken sie wieder für sich; sie wandern aus den Städten zurück ins ‚Freie', sei es für das Wochenende oder für die Ansiedlung im ländlichen Vorort. Naturschutz, Sauberhaltung von Luft und Wasser sind erklärte Regierungsaufgaben geworden." Sollte Fürst Otto nicht nur ein eherner Einheitskanzler, sondern überraschend sogar mit dem Umweltgen ausgestattet gewesen sein? Man könnte es nach der Lektüre meinen bei einem Autor, der sich auf dem Titel von zwei Hunden wachsam flankieren ließ. Was wohl hätte der greise Altkanzler zur heutigen Bewegung „Fridays for Future" und eine so vehement in die ganze Welt hinein aufbegehrende Greta Thunberg gedacht?

Eine aktuelle Post aus Friedrichsruh hat es für mich in folgenden Jahren nicht gegeben. Aber es gab meinen Anruf zur Nachfrage. Ergebnis der Recherche von 2020: Maximilian von Bismarck residiert als Geschäftsführer und Inhaber über die nunmehrige Bismarck Premium Brands GmbH. Vom Denkmal seines Vorfahren in Erfurt freilich hat er erst durch meine Nachricht samt Foto erfahren. Vielleicht ist ihm dies ein gar unkommerzieller Reisegrund?

Jean-Thomas Ungerer

Zwischen geiler und heiler Welt

„Die Zukunft kommt und geht." Das sagte ein Multitalent namens Jean-Thomas „Tomi" Ungerer (1931–2019), einer der erfolgreichsten Zeichner der jüngeren Gegenwart. Dabei sei sein Leben „viel provokanter als der Inhalt meiner Bücher" bekannte er mir in einem vormittaglichen Gespräch am Stand seines über Jahrzehnte vertrauten Diogenes Hausverlags Zürich, und zwar gelegentlich einer Buchmesse in Frankfurt am Main.

Der unbequeme Freigeist hat sich immer gern mit einem breitkrempigen Hut fotografieren lassen. Hier kam er mit Rollkragenpullover, die hellen Haare lang und mit lockerer Tolle über der Stirn. Darunter zwei munter beim Reden blitzende Augen über der schlanken Nase und dem immer zu einem verschmitzten Lächeln bereiten Mund: „Ich habe mir die Zeit gern für den Termin genommen, auch weil Sie aus dem Osten gekommen sind." Im Osten war er schon ein paar Tage vor der Grenzöffnung. „Dort hat man mich gefragt, was denn der Motor in meinem Leben sei. Ich habe gesagt: Kraft durch Freude. Da sind die alle grün geworden. Es war doch nicht meine Schuld, dass ein Goebbels so einen schönen Satz gebrauchte." Das sei sein Elsässer Luxus, eben sagen zu können, was man wolle.

Es mag gewöhnungsbedürftig klingen: Die Wut war dem Illustrator, Grafiker, Satiriker, Fotograf, Objektgestalter und Autor von rund 150 Büchern ein Genuss. Bei allem, was er unternahm, im Elsass oder bei seinen Schafen in der Wahlheimat Irland hatte er jene für einen Künstler eher unerwartete Manie – die Pünktlichkeit. „Ich bin einer, der sich immer neu ausprobiert. Ich kann jetzt nicht mehr in der Schmiede arbeiten und Stücke von meinem Traktor auf der Drehbank drehen. Ansonsten setze ich um, was mir gefällt." Und was gefiel ihm, der für Erwachsene und Kinder („Das kleine Kinderliederbuch" war besonders gefragt) arbeitete und ein eigenes Museum in Strasbourg hatte? „Die Dinge kommen und gehen bei mir. Ich bin immer voller Ideen, bringe sie aufs Papier oder im Möbelbau und bei Spielzeug an. Es mag komisch klingen. Ich mag meine Zeichnungen gar nicht, wenn sie einmal erledigt sind." Bei seinen recht leichthändigen Linien, die kein Radiergummi kennen, fühle er sich wie ein Chirurg, nur mit Stift und Feder.

Und dann verriet mir der Viel- und Gerneschreiber, dass noch 50 Bände in einem Safe ruhten… Wie lange schreibt oder zeichnet er an einem Buch? Ungerer rekordverdächtig: „Einmal schrieb ich drei Tage, und zweieinhalb Monate später wurde es schon gedruckt und gebunden."

Manche, die seine Werke lesen – wie etwa das „Arschbuch" –, drückten ihm den Stempel des Provokateurs auf. Solche Reaktionen kannte der Exzentriker spätesten seit seinen New Yorker Wanderjahren, wo ihn der Geheimdienst FBI regelmäßig verhörte, weil er den „American Way of Life" satirisch hinterfragte.

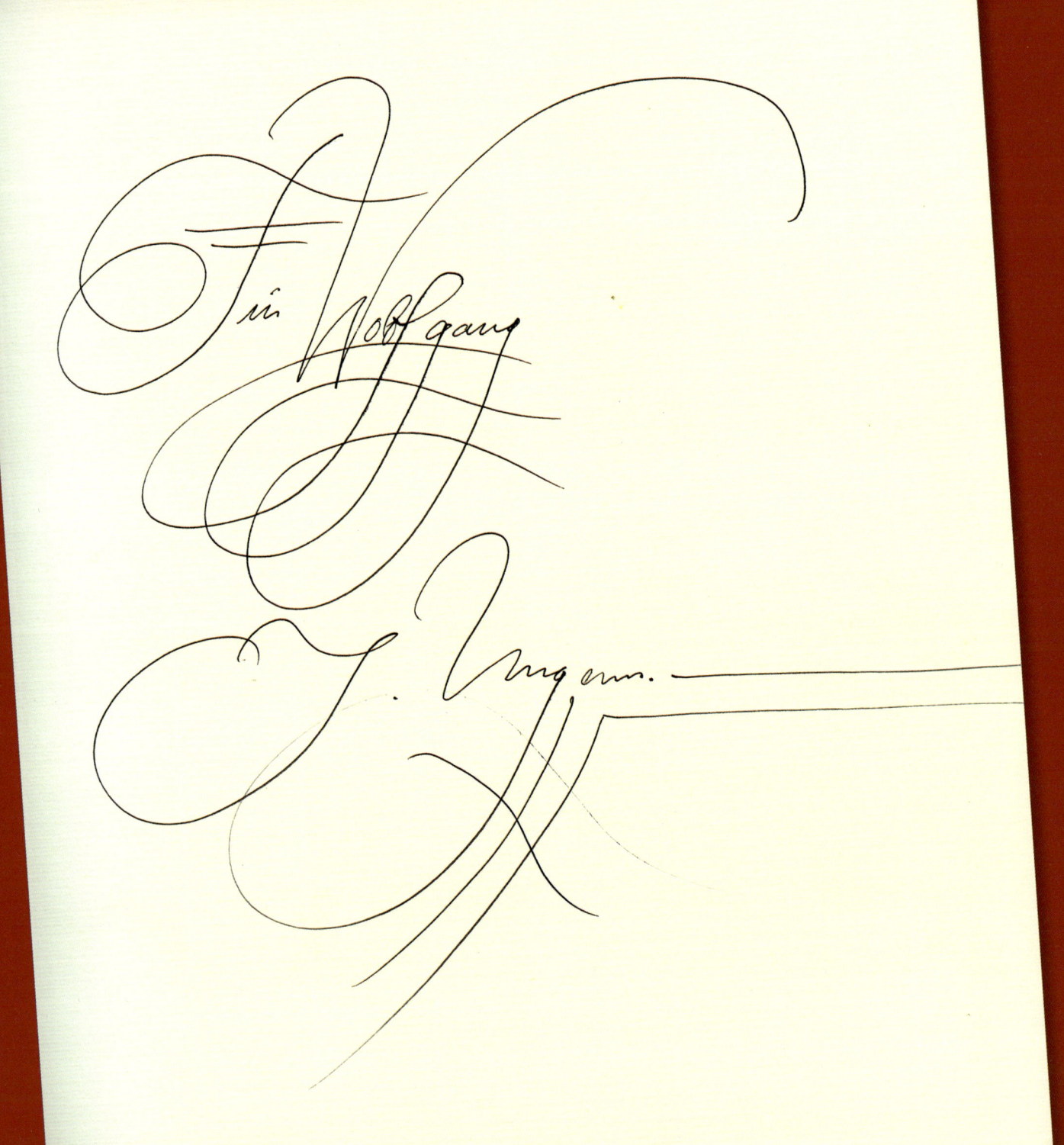

Für Wolfgang

G. Ungern.

Seinen Kritikern hielt der Zyniker, Pazifist und überzeugte Europäer entgegen, meist eigentlich nicht provozieren zu wollen. „So wie ich keine Pornografie mache, sondern nur Satire und Erotik. Das ‚Kamasutra der Frösche' beispielsweise ist eine solche Satire, wo man erzählt, wie man ‚Es' tut und so weiter Ich habe dabei auch meinen Spaß." In einer Hamburger Ausstellung verstand man solchen nicht und so wurden seine Plakate wegen „Sittenwidrigkeit" abgehängt. Wenn er tatsächlich provoziert, dann aus gutem Grund, wie mit seinem „Schwarzbuch" etwa. Ungerer: „Es ist ein Buch über die Ökologie. Man muss fast wieder schlechte Erfahrungen haben, um interessante Züge bei den Menschen feststellen zu können. Leute, mit denen ich schlechte Erfahrungen habe, sind mir hinterher etwas schuldig."

Ungerer sah sich immer als einen Mann „zwischen geiler und heiler Welt" und war letztlich ohne Hoffnungen auf die Veränderbarkeit der Welt. Gleichwohl schränkte er selbst dies wiederum ein: „Je hoffnungsloser etwas ist, desto mehr muss man tun." Etwa beim Thema Schutz für bedrohte Tiere, als er mit dem Band „Amnestie Animals" den Schweizer Tierschützern zur Seite sprang, die den Erlös des Buches behalten durften. Nachdem in New York am 11. September 2001 die Twin Towers stürzten, entstand seine vieldiskutierte Edition „Spaß gegen Hass." Auch für ihn war es eine unverrückbare Erkenntnis: „Extremisten und Terroristen haben keinen Humor."

Schon in seiner reich als Taschenbuch illustrierten Autobiografie „Die Gedanken sind frei" fragte er: „Wie kann der Mensch seine angeborene innere Bosheit, durch Dummheit gefüttert, überwinden? Und antwortet darauf: „…mit jener persönlichen Bewusstseinsentwicklung, die uns die Pflicht diktiert."

Tomi Ungerer hat seine selbsterhobenen Pflichten als „geborener Europäer und Botschafter für Kinder und Erziehung in Europa" erfüllt. Es war ein beglückendes Gefühl, diesen „Mann vor wilder Landschaft" – wie ihn ein Film in Arte pries – erlebt zu haben. Einer, dessen muntere wie nachdenkliche Figuren sogar Busse in seiner Geburtstadt Strasbourg zieren. Sein Tod ist für die Kunstwelt nur schwer zu verwinden. Trost sind seinen Verehrern ein Mammutwerk und jene nachgeborenen Künstler, die der „zerwitzelten schrecklichen Welt" weiterhin ihren Spiegel vorhalten und zugleich „ein bisschen Glück" bringen. Das dürfte der Kommandeur der Ehrenlegion und Professor Tomi Ungerer nicht anders sehen. Bestimmt kommt die mit Preisen überhäufte Legende in den Künstlerhimmel, wo schon seine Freunde aus jungen Tagen Andy Warhol, Philip Roth und Stanley Kubrick auf ihn warten.

Senta Berger

Dreißigmal unter Verdacht

„Ich habe ja gewusst, dass ich fliegen kann" betitelte Senta Berger (geb. 1941) ihre Lebenserinnerungen als eine von knapp 20 deutschen Hollywoodfrauen und sogar mal Wahlfrau in der Bundesversammlung für den Bundespräsidenten. Die Berger, da konnte man durchaus an Diven wie Marlene Dietrich, Romy Schneider, Diane Kruger usw. denken. Die US-erfahrene Filmikone Senta Berger hat ihre Geschichte und Geschichtchen einer einzigartigen Karriere selbst aufgeschrieben.

Es war im Frühjahr in den 1990er-Jahren im Englischen Garten in München. Ich hatte eine Verabredung mit jener Frau, die schon zum „Frühstück mit dem Killer" erschien und als „Das schrecklich schöne Mädchen" oder die kesse Mona in der vielgerühmten Klatschpersiflage „Kir Royal" für verrenkte männliche Köpfe sorgte. Über hundert Filme und Theaterspiele oder Auftritte mit Gesang (sogar im einstigen Palast der Republik) und Tanz machten die geborene Wienerin so populär, dass sie hierzulande zu den beliebtesten Miminnen gehört. Da musste Mann einfach hochgespannt zum Interview eilen, selbst wenn es vordergründig nur um „Lilli Lottofee" – einen Mehrteiler des ZDF – ging.

Hatte ich das Date mit einer überzeugten Lottospielerin? Die Antwort kam belustigt: „So wie ich nicht die Schnelle Gerdi im Taxi von München war, bin ich auch nicht die Lilli und spiele kein Lotto. Der Film hart nur insofern mit mir

zu tun, als ich mich mit Gefühlen und Verstand einbringe." Und dann gab es ja wohl noch den besonderen Reiz des Tanzens in der Rolle? „Ich hatte zwar eine Ausbildung, doch eine richtige Tänzerin war ich nie. Am Reinhardt-Seminar lernte ich schon mit 16 die Schicksale von Tänzerinnen kennen."

Von Senta Berger, die mit vielen Preisen (welchen hat sie nicht?) geehrte Künstlerin, weiß man um ihr politisches Engagement. So teilt die liebe Lilli ihren Lottogewinn mit „Green Peace". Beim Nachfragen musste sie nicht lange überlegen: „Schauspieler können nun mal in der Öffentlichkeit häufiger aussprechen, was andere Leute auch denken." Sie sage zwar stets ihre Meinung, müsse aber nicht von anderen akzeptiert werden in einem so polarisierten Land. Einige Jahre später wird sie sich auch in die Me-Too-Debatte einmischen und sie für „extrem notwendig" halten.

Doch war das ein Blick in die fernere Zukunft. Unsere Gegenwart hieß Mittagszeit. „Wollen wir beide was essen? Vielleicht Kartoffelsalat mit Würstchen und ein Bier trinken?" Wir wollen, so bestätigte ich der 1,63 Meter großen Frau neben mir nur zu gern. Und auch während wir aßen, sprudelten die Worte nur so aus ihr heraus. Wie vertraut ist ihnen der Osten? „Als Schauspielerin habe ich zur Regie von Frank Beyer in dem Streifen um eine Ehe ‚Sie und Er' mit wunderbaren Schauspielern aus der früheren DDR wie beispielsweise Reimar J. Baur als meinem Partner oder Jut-

ta Wachowiak zusammengearbeitet. Beyer hat daraus eine ganz private Geschichte mit zugleich hohem Anspruch gemacht."

Und dann waren da noch jene drei Monate Dreh im ehemaligen Sperrgebiet zwischen Hof und Plauen für Folge 5 der magischen Lilli. „Das war ein bisschen merkwürdig, denn wie dort sah es auch in meiner Kindheit aus. Die Menschen waren herzlich, es gab sogar Kirsch- und Nussbaumalleen. So Gott will, mögen uns die alten Bäume erhalten bleiben." Irgendwie ging ihr der Mund über, denn sie mahnte: „Man muss nicht jeden Fehler wiederholen, den wir schon gemacht haben." Leider wurde diese Mahnung zu oft nicht gehört, da manche sogenannte Dorferneuerung gleich zur Miniverstädterung führte.

So ein Bier trinkt sich schnell weg. Den legendären Aperitif Kir Royal gab es hier nicht, und mit Baby Schimmerlos als Partner im Gesprächstrio war wohl auch nicht zu rechnen. In solche Überlegungen hinein wollte ich wissen: Was wird kommen für Sie als Ehefrau von Filmproduzent Michael Verhoeven, der nicht zuletzt für die komödiantische Serie mit Lilli den Hut aufhatte? „Ich möchte gern noch vieles machen, aber ich brauche immer auch Alltag, einkaufen gehen, kochen, Post aufmachen sowie unsere Kinder Simon und Luca."

Wir konnten damals nicht ahnen, was kommen sollte. Es waren vor allem hochdramatische Filmrollen wie etwa jene der Rebellin in „Frau Böhm sagt nein" oder die in 30 Folgen „Unter Verdacht" streng ermittelnde Kriminalrätin Dr. Eva Maria Prohacek.

Keine Frage, man wird der Berger auch weiterhin Drehbücher anbieten, denn den Ruhestand gab sie nur als die Prohacek. Der Lebenskreis ist für sie noch längst nicht geschlossen.

Isa von Brandenstein

In der Gondel mit Graf Zeppelin

Sie hat bei ihm auf dem Schoß gesessen und ist eines Tages sogar mit ihm in die Luft gegangen, die kleine Isa und der greise Opa Ferdinand. Denn: Isa von Brandenstein (1910–1997) war die Enkelin des Grafen Ferdinand Adolf August Heinrich von Zeppelin (1838–1917). Wer die agile Dame auf ihrer Burg im Brüder-Grimm-Land im grünen Kinzigtal besuchte, der konnte sich auf höchst unterschiedliche Geschichten freuen – Szenen für Ohren und Augen.

Wir waren von Steinau an der Straße aus hergekommen, hatten noch den Festjubel in den Ohren. Dies weil die Straße, die einst nur ein Trampelpfad war, eben nicht nur eine Straße, sondern den legendären Handelsweg zwischen Leipzig und Frankfurt am Main bezeichnete. Diese Straße der Handelsplätze und Ausspannen feierten Hessen und Thüringer im Frühjahr 1990 erstmals gemeinsam mit einer großen Ausstellung. Anlass waren die Messejubiläen der beiden Metropolen und der 700. Geburtstag der Brüder-Grimm-Stadt Steinau an der Straße.

Die Sonne lachte sich eins, als wir uns für gut zehn Kilometer ins Auto setzten, der Thüringer Museumsdirektor Dr. Rüdiger Helmboldt, dessen Gattin Heidi und ich, um eine besondere Frau an der alten Reichsstraße kennenzulernen. Zu ihr ging es vom Parkplatz aus schlappe 325 Meter hinauf zur markanten Höhenburg im Waldgrün. Dem anerkennenden Staunen über den äußeren Zustand der aus dem 13. Jahrhundert überkommenen Anlage mit imposan-

tem Palais und spitzhaubigem Turm folgte auch schon das herzliche Willkommen der Burgherrin im romantischen Innenhof. Hier hatte der Raubritter und Wegelagerer Mangold II. von Eberstein einst den Ton vor seinen Spießgesellen angegeben und sogar eine Fehde gen Nürnberg ausgelöst. Gut zu wissen.

Drinnen empfingen uns die Vergangenheit mit historischen Räumen und Bildern sowie ein gedeckter Kaffeetisch. „1995 werden wir das 100. Jubiläum unserer Familie auf Burg Brandenstein feiern können" eröffnete Isa von Brandenstein, Tochter der Gräfin Hella von Brandenstein-Zeppelin, die kleine Runde. Sie ließ sich nicht lange bitten und erzählte detailreich, was man von dieser Familienburg wissen sollte. „Ich lebe überwiegend allein hier oben und kümmere mich sonst um die Burg, den umgebenden Wald und den kleinen verbliebenen Obsthang. Meine besondere Vorliebe gehört dem Holzgerätemuseum im einstigen Pferdestall, den jährliche tausende Besucher kennenlernen." Stolz nannte sie rund 800 gesammelte Gegenstände – von der handgeschnitzten Wäscheklammer bis zur Mehlsackausklopfmaschine. Was es nicht alles gibt, war mein Kommentar, vor allem hinterdrein beim realen Ansehen. Eine andere Wissenslücke zu ihrer prominenten Familie schloss unserer Gastgeberin mit dem Mediziner und Japanforscher Phillip Franz von Siebold, an den im Obergeschoss der Burg sowie im fernen Japan erinnert wird.

Residenzstadt Gotha. *Luftschiffhafen.*

Der Blick zurück beflügelt sie. So kommt schließlich unser Gespräch auf ihren Opa, den berühmten württembergischen Grafen und General mit der Schirmmütze über dem kahlen Schädel samt markantem weißgezwirbelten Bart – den Begründer des Starrluftschiffbaus. Isa von Brandenstein: „Was für ein Erlebnis, mit ihm zusammen in der Gondel des Zeppelins zu schweben. So etwas kann wohl kein Kind je vergessen, auch wenn ich damals noch sehr klein war und nicht wusste, was etwa Traggas war. Als mein lieber Opa Ferdinand in Berlin verstarb, war ich knapp sieben Jahre alt." Sie stand auf und entnahm aus einem nahen Schrank ein ihr damals zum Andenken an gemeinsame Stunden geschenktes Zeppelin-Modell und ließ es am Tisch unter uns herumgehen.

Das Thema Zeppelin und dessen kaiserliches Patent von 1886 sorgte für längeren Gesprächsstoff unter uns. Da wurde erinnert an das Luftschiff LZ 127 „Graf Zeppelin" im September 1929 über Jena, die Volksfeste mit Glockengeläut vielerorts bei den Landungen, den Rundflug von 1911 über der Altstadt von Erfurt oder die Geschichte des Luftschiffhafens von Gotha. Der letzte regierende Herzog von Sachsen-Coburg und Gotha Carl Eduard war ein begeisterter Förderer der „fliegenden Zigarren" im Luftmeer. Wir stellten fest, dass die in der Stadt leider nicht mehr vorhandene und nur noch als Wegemarke existente Luftschiffhalle im Töpflebener Flur im Geburtsjahr der Burgherrin eröffnet wurde. „So ein schöner Zufall", freute sie sich, „leider konnte mein Opa die Blütezeit seines Zeppelins im Frieden in den Jahren nach 1920 nicht mehr miterleben. Dafür verfolgten wir Kinder und die Familie diesen Weg umso aufmerksamer, zu dem ja 1937 ein schlimmes Unglück in Lakehurst nahe New York gehörte."

Noch einen besonderen Tipp gab uns Isa von Brandenstein zum Abschied samt kleinem Fototermin mit auf den Heimweg. „Es gibt ganz nahe von hier, geschätzt hundert Meter, einen Tunnel, der den Namen der Burg trägt – den Brandensteintunnel. Er durchquert auf 144 Metern seit 1872 den Burgberg auf der Bahnstrecke Flieden–Gemünden." Alles notiert, sicherten wir der so rüstigen Dame zu. Sie wird unter großer Anteilnahme der Bürger sieben Jahre nach unserem Kennenlernen im Familiengrab in der Elmer Kirche beigesetzt.

Resümee: Wir hätten diese Gräfin nicht kennengelernt, ohne die für jedermann mit der Grenzöffnung wieder voll befahrbaren Reichsstraße. Heinrich Heine, der sich beim Reisen immer wieder den Staub aus den Kleidern klopfen musste, schrieb einmal: „Eine große Landstraß ist unser Erd und wir Menschen sind Passagier."

Ignatz Bubis

Ich habe fast nichts bewegt

Solange es eine Zukunft gibt, hört das Erinnern nicht auf. Deshalb sind Sätze wie dieser wichtig: „Es ist schwer zu sagen, was aus der Gedenkstätte Buchenwald geworden wäre, wenn Prof. Dr. Volkhard Knigge nicht als Direktor gekommen wäre. Ziemlich sicher wäre Buchenwald nicht geworden, was es heute ist: ein Ort, den auch ehemalige Häftlinge wieder aufsuchen können." Dies sagte Thüringens Ministerpräsident Bodo Ramelow 2020 und erinnerte damit indirekt auch an einen Streit aus den ersten Nachwendejahren mit tiefen Gräben zwischen den verschiedenen Opfergruppen über die historische Genauigkeit des neuen Ausstellungskonzeptes. Es war Sprengstoff für dessen Autoren im Dialog mit dem Lagerkomitee und dem Zentralrat der Juden.

Ein Beteiligter an diesem Geschehen war Ignatz Bubis (1927–1999), Vorsitzender des Zentralrats der Juden in Deutschland. Ich befragte ihn zur Auseinandersetzung um die Opfer der Nazis und jene des im August 1945 eingerichteten russischen Speziallagers, besonders für Anhänger der NSDAP. Bubis: „Ich bestreite nicht, dass es in Buchenwald auch nach dem Krieg Opfer gegeben hat, die man dort unschuldig inhaftierte und sogar umgebracht hat. Aber unter den Eingesperrten waren auch die Täter. Diese Vermischung können wir nicht ertragen." Die damalige Ausschreibung für die neue Gedenkstätte hielt Bubis „für einfach unmöglich". Er befürchtete, dass sich Buchenwald zu einem Wallfahrtsort für Neonazis entwickelt. Bubis, der

immer unbequem war und doch als vermittelnder Missionar galt: „Ich weiß nicht, ob die bis 1950 Inhaftierten alle Täter waren, vielleicht waren darunter auch Mitläufer. Keine Probleme der Vermischung von Opfern und Tätern habe ich mit den anderen Häftlingen."

Im Speziallager 2 wurden seinerzeit politische Gefangene des Volkskommissariats für Inneres (NKWD) inhaftiert. Wer den sowjetischen Tribunalen verdächtig war, musste oft mit der Deportation nach Sibirien rechnen. Gleichwohl befanden sich unter den Gefangenen auch Sozialdemokraten und andere vermeintlich missliebige Gegner der SED-Herrschaft. Isoliert waren etwa 28.000 Menschen inhaftiert, davon etwa 1.000 Frauen sowie einige in Lagern geborene Kinder. Mehr als 7.000 Menschen überlebten die Haft nicht. Sie wurden in Massengräbern verscharrt. Inzwischen erinnern ein Hochkreuz mit Trauerplatz, Stelen im Waldfriedhof und die ständige Ausstellung an das Speziallager.

Entstanden ist außerdem ein Mahnmal für die etwa 10.000 jüdischen Opfer und es werden die internierten Sinti und Roma sowie Homosexuelle und andere geehrt. Wobei die Neukonzeption selbstredend den Schwerpunkt auf das ursprüngliche Konzentrationslager legte, in dem 58.000 Tote zu beklagen waren, und trennte es auch räumlich von den anderen Erinnerungsstätten. „Geschichte als Verunsicherung. Konzeptionen für ein historisches Begreifen des 20. Jahrhunderts" – ein 2020 erschienenes Buch erinnert

nicht zuletzt an Knigges verdienstvolles Wirken in jenen bewegten Jahren.

Wir diskutierten über das Gedenken und den aufkommenden Antisemitismus im Lande. Wie lässt sich dem begegnen? Ignatz Bubis: „Den Antisemitismus kennt man seit 2000 Jahren. Nötig sind daher u. a. Gespräche wie beispielsweise über den nur abschnittsweise aufführbaren Film ‚Beruf Neonazi' und natürlich das Sehen von Spielbergs Film ‚Schindlers Liste', der bei vielen jungen Leuten Erschütterungen auslöste, aber auch Seminare in den einzelnen Konzentrationslagern. Ich meine, bei der Jugend darf man auf keinen Fall sparen."

Es berührte ihn sichtlich, dass die Internationale Jugendbegegnungsstätte auf dem Ettersberg sehr nachgefragt war. Doch die im Kulturstadtjahr 1999 angelegte „Zeitschneise" zwischen Schloss Ettersburg und dem Lager oder Rebecca Horns „Konzert für Buchenwald" im einstigen Straßenbahndepot konnte Bubis nicht mehr vor Ort kennenlernen. Auch war es ihm nicht vergönnt, die neuen ständigen barrierefreien Ausstellungen wie „Buchenwald. Ausgrenzung und Gewalt" sowie „Überlebensmittel – Zeugnis – Kunstwerk – Bildgedächtnis" zu sehen. In ihnen wird allen Opfergruppen beispielhaft etwa mit verschiedenen Porträts sowohl Stimme als auch Gesicht gegeben oder sind Werke von Häftlingen und Überlebenden ausgestellt. Hier wie anderswo ermöglichen Multimediageräte den individuellen Rundgang in vielen Sprachen. Schließlich informieren Filme im Kino der Gedenkstätte exemplarisch über den Zivilisationsbruch im Konzentrationslager sowie im Speziallager Nr. 2.

Am Ende seines Lebens war Ignatz Bubis eher enttäuscht: „Ich wollte diese Ausgrenzerei, hier Deutsche, dort Juden, weghaben. Ich habe gedacht, vielleicht schaffst du es, dass die Menschen anders über einander denken, anders miteinander umgehen. Aber, nein, ich habe fast nichts bewegt." Er sagte dies auch im Nachgang zu jener Rede Martin Walsers 1998 in der Frankfurter Paulskirche, die Bubis erregt als die eines „Brandstifters" bezeichnete. Walser hatte das öffentliche Gedenken an den Holocaust als „Dauerpräsentation unserer Schande" charakterisiert. Im Nachhinein bedauerte Walser, was er „angerichtet habe".

Leider konnte Bubis nicht lesen, was Eva Fahidi-Pusztai, die im Mai 1944 als Jüdin von den Nazis in ein Buchenwald Frauenaußenlager verschleppt worden war und ihr Buch „Die Seele der Dinge" 2020 veröffentlichte. Zum 75. Jahrestags der Befreiung des Konzentrationslagers schrieb sie: „Liebe Kameraden! Ich habe noch das Gefühl, Eure Hand in meiner zu halten. Wir werden uns noch treffen, alle auf einmal, auf dem großen Appellplatz, und das Lied, unser Lied, wird erklingen, und wir werden alle zusammen dabei sein, und bis dahin lassen wir uns den Mut nicht rauben, denn wir tragen den Willen zum Leben im Blut und im Herzen den Glauben, wie in unserem Buchenwaldlied." Darin heißt es: „Oh Buchenwald, ich kann dich nicht vergessen, weil du mein Schicksal bist."

Achim Reichel

Ich war nie ein Hinterherläufer

Die Kunde kam kurzfristig und war durchaus sensationell, nicht nur für Thüringen: der „Ur-Vater des deutschen Rock" hatte sich angesagt: Achim Reichel (geb. 1944). Denn als manche Rocker sich anschickten, ihre Instrumente erstmals auf der Bühne auszupacken, da war Reichel bereits Frontmann der Hamburger „Rattles" und trat dort im legendären „Star-Club" auf. Ich wollte den Mann der Großen Freiheit interviewen, der schon 1963 mit den „Rolling Stones" in England und drei Jahre später mit den „Beatles" bei deren einziger Tournee durch Deutschland dabei war – einer aus der Ehrenloge der Popmusik.

Die langen blonden Locken von einst waren zwar dem praktischeren Igel-Haarschnitt gewichen und statt „Come On And Sing" oder „Moscow" gab er damals mit Erfolg „Der Spieler" oder „Aloha Heja He", doch sonst war er der Alte geblieben, wie seine Hardcorefans ihm nur zu gern bestätigten. Immerhin war er einer, der zwei Tage lang mit ihnen seinen 50. Geburtstag feierte: „Ich habe mich gefragt, ist es ein Geburtstag, der mir allein gehört, oder kann man den nicht nutzen ein paar Leuten zu danken, die mir auch mal geholfen haben." So ist er, der gute alte Freund, der singende Rebell und politische Aufmucker, der sich auf solchem Wege mit einem Publikum umgab, „wie man es sich schöner nicht wünschen konnte."

Nur zu gern wollte ich noch ein paar ganz andere Sachen von ihm, dem Krautrocker, wissen über seine Vergangen-

heit bei den „Rattles" und den „Wonderlands". Reichel: „Die ‚Rattles' waren meine musikalische Kinderstube. Das waren überhaupt tolle Zeiten – die 1960er-Jahre. Aber, ich bin kein Nostalgiker, der sagt, die schönen Zeiten waren früher."

Nachfrage: Eines Tages haben Sie den englischen Gesang aufgegeben. Warum eigentlich? „Ich empfand irgendwann das Bedürfnis, weil man sich nun ein Mäntelchen umgelegt hat." Das Englische war ihm offensichtlich zu oberflächlich geworden, sein Grund: „Da hört ja keiner richtig hin, im Deutschen kann man mehr sagen. Komisch finde ich, dass viele verunsichert sind, weil sie plötzlich die Texte verstehen." Ich staunte, was es zu hören gab aus den Gezeiten der Erinnerung – ein Nein zu jeglichen Trends. Reichel ganz ernst: „Wer das macht, hat viel zu tun. Ich war nie ein Hinterherläufer. Wenn man sich selbst nicht langweilen will, muss man im Geschäft auch Risiken eingehen." Also singt ein Reichel seit jener Zeit auch Shantys oder deutsche Balladen.

Dieser Musiker hat etwas geschafft, das anderen nicht vergönnt war: er war immer wieder der Zeit voraus. Etwa als er mit elektronischen und psychedelischen Klängen experimentierte oder auf jene „Grüne Reise" ging, die von den Hippies erst viel später beschritten wurde … Und so versichert er jedem, der es hören wollte, immer weiter machen zu wollen. „Mit 30 dachte ich, ich müsse mir einen anständigen Beruf suchen, doch jetzt weiß ich, einen anständigeren hätte

ich gar nicht finden können. Musik ist mein Leben. Machen möchte ich noch vieles, doch über ungelegte Eier sage ich kein Wort." So bekannte der in Wentdorf bei Hamburg geborenen Sänger, Komponist, Texter und Autobiograf.

Reichel hatte gut lachen, als wir uns im damaligen Weimarer Hilton gegenübersaßen. Er war auf dem weiten Weg zu mehr als 20 Alben in Vinyl und gepresst als CD mit rockigen Seemannsballaden, Volksliedern aber auch lyrischen und Prosatexten. Erstaunlicherweise ist manches schon zu „Klassikern" geworden, wobei seine Vorbilder Detlef von Liliencron, Theodor Fontane und Johann Wolfgang von Goethe heißen. Sie sind ihm „Wortmagier". Dies mit Seefahrerromantik, dem Zauberlehrling oder altdeutschen Volksliedern. Es ist für ihn der perfekte Erzählstoff für Stimme und Gitarre.

Apropos Goethe und Weimar. Das geht auch für ihn sehr gut zusammen. „Natürlich kannte ich Weimar und weiß um die Kulturstadt 1999. Es war das Goethe-Institut, dass mich zusammen mit dem Schriftsteller Jörg Fauser als Kulturbotschafter nach Ostasien zu schicken, um dort deutschsprachige Musik vorzustellen. Fauser war übrigens der Texter des so erfolgreichen ‚Spielers' – ein über fünfminütiges Andenken an eine große Künstlerfreundschaft der Brüder im Geiste. Es lässt sich ahnen, was noch möglich war, doch der hochbegabte Fauser starb bei einem Verkehrsunfall.

Schade, dass Reichel keine Gitarre dabei hatte, ich hätte ihn um ein paar Takte aus dem Fauser-Titel gebeten, um dieses „Komm rüber, Kugel / Kugel, komm rüber / Das Spiel ist doch nie vorbei / Kugel komm rüber". Diese Zeilen gelten auch für Reichel ganz persönlich, weil der für die Musik Geborene immer weiter machen wird. An diesem Tage hörte ich zu Hause auf der CD „achim reichel grosse freiheit" und später noch sehr oft. Musik heiter bis wolkig.

Wolfgang Joop

Wolfgang Joop und eine verflossene Liebe

Manchmal steigen Musengötter vom Olymp in unsere Niederungen herab, und manchmal erscheinen jene als Modegötter in unserer nahen Hier- und Heute-Welt. Etwa im Städtchen Apolda, das schon einen Napoleon Bonaparte entzückte, als er es – vom Hügel herabschauend – mit der ihm vertrauten französischen Gemeinde Gramont verglich und damit einen geflügelten Namen für die einstige Textilhochburg der DDR sorgte – eben „mon Gramont". Und in jenes unscheinbare Apolda im Herzen der frischernannten Toskana des Osten mit seinem berühmten Kunsthaus (seit 1995) kamen sie alle: Karl Lagerfeld, Rudolph Moshammer (mit Daisy), Bettina von Arnim, Willy Bogner und eines Tages Wolfgang Joop (geb. 1944) – ein schillernder Star und Visionär der internationalen Modeszene. Mitgebracht hatte er rund 200 Modezeichnungen, Porträts und Illustrationen und nannte dies „männliche Modeinformationen".

Abseits der illustren Medienbühne, an einem Tag im Frühjahr 2002, an dem jedermann ein Fest mit dem Designer, Autor, Filmemacher und Modelcoach erwartete, fand ich eine kleine Ecke, den hochgewachsenen, fotogenen Mann kurz allein zu sprechen. Wir begegneten uns wenige Tage

Wolfgang Joop
Me, Myself & I, 1995
Mischtechnik auf Papier

vor dem dort ausgetragenen European Design Award. Joop lobte die „wiederentdeckungswerte Region" und hoffte auf jenen „modischen Patriotismus", der die Stadt zum Label à la Gucci erhebt. So sprach einer zu mir, der in New York, Monte Carlo und Bornstedt bei Potsdam lebte – frisch angereist in dunkler Mercedes Limousine und zum Professor für Design und Aktzeichnen ernannt worden war.

Ich wusste, dass dieser Mann mit dem Label „Wunderkind" und ich eine besondere Vorliebe hatten – zu einer Künstlerin, die auch ich in meinen kleinen Kunsthimmel gehoben hatte: Tamara de Lempicka, femme fatale und eine der wichtigsten malenden Künstlerpersönlichkeiten des 20. Jahrhunderts. Joop freute sich über die beidseitige Begeisterung für diese Frau: „Für mich ist sie die erste Pop-Artistin der Kunstgeschichte" bekannte er. Die Bilder der exzentrischen Tamara de Lempicka, das „statuarische und blasierte Posing ihrer Modelle – ihre eiskalte Schönheit" faszinierten ihn ebenso wie die expressiven erotischen Zeichnungen Egon Schieles.

Beider Anregungen lassen sich bei Joop mit Aquarell, Bleistift, Filz und Tusche entdecken. Umso beneidenswerter war für mich, dass immerhin zehn Werke dieser glamourösen, narzisshaften Frau, deren Leben Ausschweifungen nur so prägten, zu seinem Privatbesitz gehören. Deren eine kühl-erotische Eleganz ausstrahlenden Porträts von Männern, Frauen und Autos (!) erreichen – sofern sie überhaupt zu haben sind – schwindelnd hohe Preise auf dem internationalen Kunstmarkt. Begehrt unter Kennern sind auch Joops ungefähr 1.000 angefertigte Modeskizzen und ca. 4.000 verworfene Blätter. Werke von einem Mann, dem Mode stets mehr Kunst als Kommerz war und ist.

Damals war ich auf der Suche nach einem öffentlichen Partner für eine Ausstellung mit namhaften Künstlerinnen des 20. Jahrhunderts. Also fragte ich den aus der weiten Welt angereisten eleganten Modekönig einfach so ins Apoldaer Blaue: „Können Sie sich vorstellen, eine solche hochkarätige Ausstellung in Thüringen mit Werken von Tamara de Lempicka (1989–1980) aus Ihrer Sammlung zu bereichern?" Die Antwort kam überraschend spontan: „Wenn Sie einen solchen profunden Partner gefunden haben und das Konzept stimmt, können wir reden." Ich hatte seine Adresse, und er schrieb „für Wolfgang" auf sein kopiertes Porträt „Me, Myself & I" von 1985. Im Modezirkus und auf weißem Zeichengrund hatte Schönheit für ihn stets etwas Avantgardistisches. Wobei seine Bildideen nicht nur 20 Jahre für den Erfolg seiner damaligen Firma Joop! sorgte. Motto: „Gute Dinge sind wie gute Leute".

Aus dem Kunstprojekt ist leider nichts geworden. Aber die Idee ist mir geblieben, das persönliche Autographenblatt von Wolfgang Joop sowieso. Gleichwohl kann ich nicht mehr auf seine Gemälde setzen, er bot sie 2009 dem Auktionshaus „Sotheby's" an. Drei Jahrzehnte hatte er mit ihnen gelebt und sich wohl irgendwann daran sattgesehen.

Volker Schlöndorff

Die Stille nach dem Schuss

Eine Überschrift kann täuschen. Weder wird in den folgenden Zeilen geschossen, noch geht es still zu, gleichwohl ist vom eineinhalbstündigen Streifen dieses Titels zu sprechen: „Die Stille nach dem Schuss". Es ist dies ein Spielfilm aus dem Jahr 2000, in dessen Mittelpunkt das Leben und Überleben von Exterroristen aus der zweiten Generation der Roten Armee Fraktion (RAF) und deren Untertauchen in der DDR steht. Die Regie führte Oskarpreisträger Volker Schlöndorff (geb. 1939) und war dazu von verschiedenen Medienpartnern mit einem Etat von rund fünf Millionen DM (ca. 2,55 Millionen Euro) ausgestattet.

Schlöndorff hatte sich die sogenannte Provinz zum Dreh ausgesucht, genauer das Volkshaus in Gera-Zwötzen. Also steuerten der TA-Fotograf Roland Obst und ich an einem Oktobertag dorthin. Einen Schlöndorff erlebt man nicht alle Tage. Erster Eindruck vor Ort: Im Kleinbus puderte man bleiche Wangen, während aus einem Transporter dicht gedrängte Garderobe geschleppt wurde und Kameramann Andreas Höfers Gabel am offenen Pausenwagen gelassen in sein frisches Spiegelei stach. Derweil wanden sich im Haus die Kabelschlagen über die Treppen, wurden Objektive der Kameras gerichtet und übte sich die blonde Conny am Schöbel-Titel „Wie ein Stern".

Wie kam der Meisterregisseur („Die Blechtrommel") nach Ostthüringen? „Wir haben eine hüglige Landschaft und eine etwas verlorene Kleinstadt in der Provinz gebraucht mit Betrieben im Zustand von damals, den 1970er-Jahren, mit Plattenbauten und ein paar Häusern, wo man spürte, dass diese Stadt auch schon vor 100 Jahren existiert hat, um Ablagerungen von Geschichte aufzuzeigen." Schlöndorff knüpft mit dem Film an seine Liebe zu den Literaturverfilmungen an wie „Die verlorene Ehre der Katharina Blum" oder „Deutschland im Herbst" und hat sich mit Wolfgang Kohlhaase einen erfahrenen Drehbuchautor („Solo Sunny") ins Team geholt.

An beider Seite sind zwei jungen Schauspielerinnen, von denen man spätestens nach diesem Film sprechen wird: Bibiana Beglau (sie wird für ihre Rolle als untergetauchtes RAF-Mitglied Rita im Jahr 2000 den Silbernen Bären bekommen) und Nadja Uhl (auch für ihre Tatjana gab es einen Silbernen Bären als eine der besten Nachwuchsdarstellerinnen). Übrigens war es die kampfesmüde RAF-Gefolgsfrau Silke Maier-Witt, die 1980 bis zu ihrer Enttarnung an der Medizinischen Akademie Erfurt als Krankenschwester Angelika Gerlach ihr zweifelhaftes Asyl gefunden hatte.

Während der in Wiesbaden geborene frankophile Schlöndorff mit dem für ihn charakteristischen schmalen Lippenbart bereitwillig Fragen beantwortet, rauchen die beiden Damen in Jeans angespannt vor ihrem Auftritt zur Betriebsfeier unter DDR-Fahne und der abgegriffenen Losung „Plane mit – arbeite mit – regiere mit!" Sie spielen zwei Freundinnen in zwei Welten, Rita sieht in der DDR das exotische Land ihrer Zuflucht aus dem Westen und arbeitet getarnt als Sabine Schmidt im VEB Modedruck, jedoch die alkoholabhängige Tatjana verweigert sich dem Staat völlig. Eine Beziehung wird offenbar, die mit der Wahrheit und einer großen Lüge noch vor der deutschen Wiedervereinigung scheitert.

Wie sehen die beiden Hauptdarstellerinnen aus Berlin und Leipzig ihre Besetzung in diesem von vielen Erwartungen begleiteten Film? Kommentar Beglau: „Mit dieser Rita vermag ich einfach durchzustarten bis zum Schluss", Kommentar Uhl: „Dieses menschliche Spektrum aus Zerrissenheit und Zerbrochenheit kann ich nachvollziehen."

Schlöndorff hat seinen Protagonistinnen aufmerksam zugehört und plaudert dann gerne lächelnd zu seinen filmischen Überlegungen: „Unsere erste Filmfassung vor fünf Jahren orientierte sich noch an der RAF-Terroristin Inge Vieth, doch die jetzige Rita ist weit weg von der Aktenlage, ist eine Kunstfigur." Er wollte den Film vielmehr über das Land DDR machen und von den Erlebnissen der Menschen dort erzählen. Seine notwendigen Kleindarsteller fand er an den Theatern von Gera, Plauen und Halle. „Während ich bei der RAF weiß, wovon man spricht, brauchte ich bei der DDR einfach Leute, die sich auskannten." Eine von ihnen war die Geraer Modedruckzeichnerin Andrea Jansen. Sie war hocherfreut über ihre Auswahl für die Szenen aus der Stadt: „Ich stand zwar an der Maschine wie immer, doch war das Filmen für mich eine ganz neue Erfahrung in einer großen Familie." Klare Worte, eher kryptisch hingegen fällt Schlöndorffs im Abspann wiederholtes Motto für den Film aus: „Alles ist so gewesen, nichts war genau so!"

Was er bei unserem Gespräch am 18. von insgesamt 36 Drehtagen bis hin zur Hauptstadt nicht wissen konnte, nach der erfolgreichen Premiere am 16. Februar 2000 erhält er den mit 25.000 Euro hochdotierten „Blauen Engel" für den besten europäischen Film im Wettbewerbsprogramm der Internationalen Filmfestspiele in Berlin. Auf „Die Stille nach dem Schuss" werden unter seiner Ägide u. a. „Die Päpstin", „Diplomatie" sowie „Rückkehr nach Montauk" folgen. Auch wird es weitere Preise für sein Schaffen geben und über ihn sogar den Dokumentarfilm „Die filmischen Spekulationen des Volker Schlöndorff" mit seinem freimütigen Bekenntnis „Es wäre besser, ein anderer zu sein."

Ich finde: Ein Glück, dass er für die Filmfreunde so ist, wie er ist. Denn: Einen vom Schlage Schlöndorffs kann man sich nicht einfach backen.

Axel Brück

Schamanisch reisen in die Anderswelt

Sie wollte erzählt werden, die spannende Geschichte des uralten Mythos von der Herrin und dem Sommerkönig im Arun Verlag, die Story von der wilden Hexenschülerin Shanna und dem zum Opfer bestimmten Sommerkönig aus dem dritten Zeitalter. Geschrieben hat diesen Fantasyroman ein Autor, der sich über Jahrzehnte mit Schamanen, Kelten, Runen, Kräften, Klängen und Ritualen beschäftigt hatte. Einen Schamanen in Thüringen, der jedermann zu Workshops einlädt, wollte ich erleben und fand ihn in Förtha unweit von Eisenach.

Axel Brück (1946–2010) war das, was man einen faszinierenden Menschen nennen konnte, kein Magier im engen Sinne des Wortes, sondern ein sympathischer, ganz normal wirkender Mann, erfüllt von Geist, Energie und Esprit. Wir saßen am schlichten Tisch mit Tee (ohne aufputschende Einlage) und Plätzchen. „Ich spüre dem verschütteten Weltwissen von 30.000 Jahren nach, habe dazu lange Jahre unter den Cherokee-Indianern gelebt und mich dem präzisen Denken, Handeln und Fühlen verschrieben." Im gleichen Atemzug verwehrt er sich den abwertenden Begriff des Hühnerschamanen. Vielmehr wolle er beitragen, diese legendäre Kultur in ihren Möglichkeiten von der Kulturpflege bis zur Heilung auch in Thüringen lebendig zu erhalten. Spontan wurde ich von ihm zu einer besonderen Reise eingeladen, drei Tage übers Wochenende – eine schamanische Reise. Mitzubringen war nur ich selbst und bei Bedarf: ein Notizblock.

Wir sind eine Gruppe von zwölf Frauen und Männern unterschiedlichen Alters, sitzen locker auf Teppichen und hören zunächst einfach nur zu. Brück: „Es geht mir stets um die wichtigen und schönen Dinge im Hier und Jetzt. Ihr werdet gleich Nichtalltägliches erfahren und in die Vergangenheit unserer Urvölker blicken, für die etwa ein Stein nicht nur ein Ding, sondern auch ein beseeltes Wesen war. Wir treten ein in Ober-, Mittel- und Unterwelt." Der Aufforderung, sich im Schneidersitz oder liegend dem bevorstehenden Ritual zu widmen, folgen alle spontan. Wir vollziehen eine mentale Reinigung. Dann wird es ganz ernst: „Gemütlichkeit darf nicht aufkommen, ihr müsst stets über den mehr oder weniger empfundenen Schmerz den Kontakt zum Hier und Jetzt behalten." Ich entscheide mich für unbequemes Liegen, als Brück schon die Trommel schlägt. Es sind 200 bis 210 monotone Schläge pro Minute erfahren wir später. Er wird eine Viertelstunde rhythmisch schlagen (könnte ebenso zur Rassel greifen) und jeden von uns seinen Erfahrungen überlassen.

Mit den besten Wünschen

Axel B

30.7.05

Die Anderswelt ist keine esoterische Traumwelt, sondern eine parallele Welt, die völlig frei zu erfahren ist. Hier ist nicht loszulassen wie etwa bei einer Wellnessmassage, sondern dreht sich alles um genaues Hinsehen und Hören, um Erfahrenes später selbst interpretieren zu können. Der Schamane stimmt ein: „Wer Glück hat, kann bei dieser Metamorphose einem, seinem Krafttier begegnen. Wir werden über diese begleitenden Adler, Bären oder Wölfe zu einem Bewohner dieser Welt, ohne in eine irgendwie verquaste Spiritualität abzutauchen."

Es ist die erste von drei Reisen an diesem Tag. Manche Mitreisende erzählen nach dem rituellen Dank für dieses Erleben abenteuerlich klingende Geschichten ihrer Seelenwanderungen erfüllt von intensiven Bildern. Mir war dabei gelegentlich nach Stirnrunzeln zumute, hatte ich doch nur minutenkurz die Dunkelheit eines unendlichen Waldes und zugleich eine verrätselte Unruhe in mir gespürt. Schließlich war da in mir eine neugierige Lust, die zweite Wirklichkeit im Kopf intensiver zu erleben, sind doch Glaube und Wissen zueinander ohnehin höchst widersprüchlich. Was ich drogenfrei sah, war eine nie gekannte Begegnung und Versuchung. Der Trommelschlag hatte das Seine getan und mich aus der sanften Trance über ein vereinbartes Signal zurückgeholt in die Realität des Raumes. Axel Brück begleitet unsere folgenden Fragen ausgestreckt sitzend mit großer Ruhe als begleitender Helfer und Lehrer: „Diese schamanischen Reisen gestatten uns eine Vorstellung, wie andere Völker ihre Welt als magisch empfanden. Auch für uns im 21. Jahrhundert tragen sie mit der in ihr wurzelnden Kraft, Heilung

und Anregung dazu bei, die hiesige Welt vertieft individueller wahrzunehmen und bewusst vor Verlust zu schützen."

Viel zu früh verabschiedete sich Axel Brück, Begründer seines Megin Tor Projektes (Tor der inneren Kräfte) und Autor zahlreicher Sachbücher, in die von ihm so wohlbekannte Anderswelt der Vorfahren. Kein Zweifel: Von dort hat er mich, der wiederholt seine klugen Editionen in der Zeitung rezensierte, im Jetzt des Jahres 2020 erreicht. Wie sonst hätte ich diese Erinnerung aufschreiben und eines meiner Lieblingszitate von ihm erinnern können? Es lautet: „Die Kunst besteht darin, die richtigen Fragen zu stellen. Das ist ein lebenslanger Weg. Was uns nicht in dieser Welt gelingt, schaffen wir auch nicht in der anderen Welt."

Die leidenschaftliche Herrin und der Sommerkönig sind uns mit schicksalhaften Erkenntnissen und steter Lebenslust auf 880 Seiten vorausgegangen. Sehen lernen mit dem Auge des Herzens – auch das ist Schamanismus.

Siegbert Kardach

Wenn der Ball kommt, sagen wir Dir Bescheid

„Fleiß aus Überzeugung ist eine seltene Naturgabe". Das ist so ein Denkbonmot, den mein einstiger Leibarzt und langjähriger Freund Dr. Siegbert Kardach wohl auch für sich selbst geschrieben hat. Denn er stammt aus dem jüngsten von fünf Büchern mit Aphorismen und Nachgedanken, deren Entstehen eine gemeinsame Produktion ist. Aus wohl 1.500 Sentenzen, die nicht nur einen Lichtenberg oder Nietzsche erfreut haben könnten, ist seit jenem Erstling von 1977 eine Armada von Geistesschätzen geworden, die durch hiesige Büchermeere kursten und da hießen: „Befunde und Diagnosen", „Befindlichkeitsstörungen", „Tropfenweise Medizin", „Intensives Nichtstun ermüdet" und schließlich „Kluge Köpfe rollen am schnellsten" im Jahre 2020 im RHINOVERLAG. Es war dies ein wohl gestimmtes Werk mit einem „amoralischen Moralisten", bei dem mir Band für Band stets der redaktionell ordnende Part samt Vorwort zufiel.

Dabei haben wir uns kennen und schätzen gelernt über den Fußball, jener Fortsetzung des Lebens mit anderen Mitteln, die mich allein als Zuschauenden interessierte. Also wollte ich ausgangs der 1960er-Jahre jenen gefragten Internisten, Fußballprosaiker im Erfurter „Akademiespiegel" und als Student mit Wolf Biermann auf der BAT-Bühne zu Berlin agierenden Zeitgenossen kennenlernen. Dieser schaffte es nämlich 1963, die legendäre Fußballmannschaft aus Medizinern und einstigen Rot-Weiss-Erfurt-Aktiven mit dem verpflichtenden Titel „FC Adipositas" zu gründen, und ich war solchem Ereignis auf der Spur. Das geschah so:

Es war ein sonniger Nachmittag, als wir uns auf einem Sportplatz vor den Toren der Stadt trafen. Die Herren kickten, und der Medizinalrat wartete auf mich ohne Dress am Spielfeldrand und kam schnell zur Sache: „Am Anfang machten wir als Turnriege getarnt so manche Halle unsicher, aber dann konnte nach wechselvoller Schwangerschaft 1966 eine richtige Mannschaft geboren werden, primär natürlich zum reinen Lustgewinn auf grünem Rasen." Wöchentliches Training war angesagt, nicht immer wie heute bei strahlendem Sonnenschein. Damals fanden im Jahr noch zehn bis fünfzehn Spiele statt. Bis zu 33 Balleleven waren mit von der Partie. Da spielte der Orthopäde neben dem Zahnarzt, der Internist neben dem Gynäkologen. Von daher waren die meisten Erkrankungen der Zuschauer vor Ort wenigstens linderbar. Gerade eben war er am Ball – Dr.

Rainer Jung, Phlegmatiker, Supertechniker, Taktiker und Schatzmeister in einer Person. Immerhin eine Autorität innerhalb und außerhalb des Spielfelds – irgendwie das ideale Mitglied des Vereins, zudem ohne Gagenforderungen.

Gerade ist fliegender Wechsel, denn wer anwesend ist, will auch mit dem Leder spielen. Die Herren sind erhitzt, einer nimmt die große Gießkanne und sprüht die Aktiven nassfeucht ein. Ich mache ein Beweisfoto. Kardach stellt mir die aktiv Pausierenden vor und erzählt auch schon weiter: „Doch manchmal ist Not am Mann bei der Feldpartie, da konnte es schon sein, dass ein Manfred Fromm, Roland Matthes oder Manfred Matuschewski mit von der Partie waren oder ein Adolf Prokop in die Pfeife des Schiedsrichters bläst." Sogar Sportpromis also, registriere ich. Und als es einmal personell doch ganz dramatisch war, holte man sich gar einen Unbeteiligten von der Straße, beruhigendes Motto: „Wenn der Ball kommt, sagen wir Dir Bescheid..." Spaß musste sein, ob die Gegner nun vom einstigen FC

Rot-Weiß, der Komischen Oper Berlin oder von der Prager Karls-Universität kamen. Und bei dem Vergnügen soll es auch bleiben, wollen doch die inzwischen ergrauten und sich daher immer wieder jung verstärkten FCA-Schützen um Kieferchirurg Dr. Jörg Henne als Präsident weiterhin unverbesserlich bleiben. Kardach: „Am Rande des Fußballs ist manchmal am Rande des Wahnsinns." Seine Aphorismen sind also in bester Gesellschaft, und ich bin sehr froh, daran mitgemimt zu haben, wenn auch nicht mit Knieschützern und Töppen an den Füßen beim ach so adipösen Catenaccio (Sicherheitsspiel).

Peggy Meinfelder

Wolfgang Leißling (geb. 1946)

Die erste Weststadt, die ich mit der
Wende 1989 sehen durfte, war die Dürer-
Stadt Nürnberg. Welch ein Erlebnis!
Nachdem ich gerade glücklich Sigmund
Freuds „Das Unbehagen in der Kultur" als
Taschenbuch erwerben konnte, fiel mein
Blick ein paar Schaufenster weiter auf
ein 30teiliges weißes Weihnachtsset mit
handgefertigten Figuren.
Ich kaufte es spontan, Auf daß es den
heimischen Kronleuchter mit der beginnen-
den Adventzeit ziere. Und solches ge-
schieht durchaus auch nostalgisch im
Jahr 2006 wieder, obwohl leider manche
der Engelsgefühle inzwischen gebrochen
wurden..."

Wolfgang L. (geb. 1946):
Die erste Weststadt, die ich mit der Wende 1989
sehen durfte, war die Dürer-Stadt Nürnberg. Welch ein
Erlebnis! Nachdem ich gerade glücklich Sigmund Freuds
»Das Unbehagen in der Kultur« als Taschenbuch erwerben konnte, fiel mein Blick ein paar Schaufenster weiter
auf ein 30 teiliges weißes Weihnachtsset mit handgefertigten Figuren. Ich kaufte es spontan, auf daß es den
heimischen Kronleuchter mit der beginnenden Adventzeit ziere. Und solches geschieht durchaus auch nostalgisch im Jahr 2006 wieder, obwohl leider manche der
Engelsgefühle inzwischen gebrochen wurden ...

100 Westmark zur Begrüßung

Es gibt Fragen, die kann man nur einem im Osten geborenen deutschen Mitbürger stellen, etwa diese: Was haben Sie
Sich von Ihren 100 Westmark Begrüßungsgeld im Herbst
1989 gekauft? Daraus ein vielbeachtetes Kunstprojekt zu
entwickeln, ist Peggy Meinfelder (geb. 1975) gelungen.
„Dabei war ich damals gerade 14 Jahre alt, als die Leute die
Grenze einrannten."

Als ich die in Hildburghausen geborene gelernte Steinmet-
zin und Absolventin der Freien Kunst an der Weimarer
Bauhaus Universität traf, waren sieben Jahre seit der Maueröffnung vergangen. „Mich hat das Thema Deutsche Einheit
von Anfang an beschäftigt, und ich wollte es mit meinen
künstlerischen Möglichkeiten in die Öffentlichkeit bringen."
Und so kam es, dass sie ihren „Bananenautomaten" baute,
der eine handelsübliche Banane gegen eine ebenso handelsübliche Tomate tauschte oder sie später in München-Den-
ning ein schlichtes Transformatorenhäuschen – das sie in
seiner Insellage mit umgebendem Pflaster irgendwie an die
Berliner Mauer erinnerte - zu einem Ort des Gedenkens an
eine besondere Zeit erhob, da sie mit ihren Eltern im Pkw
„Trabant" den Westen erfahren durfte.

Doch ihre Aktion „Meine ersten 100 Westmarkt" bescher-
ten ihr mit Ausstellungen und Publikationen sowie dem
Webblog eine nachhaltige Popularität. „Das war eigentlich
eine sehr spontane Idee. Ich wollte ganz persönliche Geschichte über das damals oft beim Schlangestehen erworbene Geld und den nachfolgenden Gegenstand auch für
andere Menschen erfahrbar beschreiben." Es war dies eine
Kollektion gegen das Verschwinden von Erlebnissen und
zugleich eine Orientierungssuche in der schönen neuen Wa-
renwelt. Ihre kluge Idee zur deutsch-deutschen Spurensi-
cherung ging so: Wer sich an dem Sammlungsprojekt betei-
ligen wollte, sandte ihr seinen erworbenen Gegenstand und
versah ihn mit einem kleinen beschreibenden Kommentar,
der auch das Warum gerade dieses Artikels einschloss.

So schrieb beispielsweise Rainer B. (geb. 1957): „Ich wollte
eine West-Jeans. Als sie anfing, Löcher zu bekommen, habe
ich sie bis zum bitteren Ende als Haus-Hose getragen."
Oder da berichteten Anna und Klaus Sch. (geb. 1935/1940):
„Wir haben uns einen Ölradiator gekauft. Na, wir wollen ein
bisschen Bequemlichkeit, etwas moderner sein und nicht
immer den Ofen anschüren." Eine Treue zu den sinnlichen
Dingen aus jenen Tagen von der „Queen"-LP bis zur Bar-
bie-Puppe ist durchaus nicht selten. Das gilt auch für die von
Gesine S. vom Begrüßungsgeld erworbenen Eheringe. Sie
hob den ihren auf – als das Gegenstück mit der Scheidung
beim einstigen Ehemann verblieb. Peggy Meinfelder (Mari-
on-Ermer-Preisträgerin) damals: „Jeder Beitrag wird so zu
einem historischen Dokument, welches Alltagsgeschichte
anschaulich vermitteln kann." Jedes mehr oder weniger kon-
sumbewusste erworbene Produkt erwies sich durchaus auch
als spontaner Vorgriff auf eine tiefgreifende politische Wen-

Meine ersten 100 Westmark

de, die eine Rückkehr zum Bisherigem wohl ausschloss – Abschied und Willkommen zugleich. Das Zeitgeschichtliche Forum in Leipzig hat die Arbeit 2016 angekauft.

Zu konstatieren ist, dass die in München und Seidingstadt lebende Künstlerin sich nach wie vor künstlerisch ihrem Thema deutsch-deutsche Geschichte zuwendet. So stellte sie im öffentlichen Raum auf der Kunstinsel Lenbachhaus München das Projekt „Shake Hands" auf fünf mal fünf Metern Fläche vor – die verfremdete Zeichnung nach einem Foto von Franz Josef Strauß und Alexander Schalk-Golodkowski am Rande der Verhandlungen über einen Milliardenkredit für die DDR Mitte der 1980er-Jahre. Sie thematisierte damit den Umgang und die Vermittlung von Historie. Dass dies auch spielerisch möglich ist, bezeugen ihre im Museum gezeigten metallenen, mit 28 Zentimetern überdimensionalen roten Ausstechfiguren mit Wladimir Iljitsch Lenin und Karl Marx sowie der Friedenstaube, Rotem Stern und der Arbeiterfahne – Ikonen und Symbole einer vergangenen Weltanschauung.

2019 schließlich erinnerte Meinfelder mit der Tischinstallation „Westpaket" an ein alljährlich um die Weihnachtszeit in vielen Ostfamilien stattfindendes Ereignis. Sie hatte es ja selbst erlebt: „Unser Westpaket war an meine Oma adressiert. Sie erhielt es von ihrer ehemaligen Schulfreundin aus Coburg. Das Auspacken war für uns ein eingespieltes Ritual am Küchentisch. Verteilt wurde ganz gerecht, jeder in der Familie bekam seinen Anteil, wir Kinder Haribo und Kaubonbons…"

Die Geschichte hat viele Farben und Formen im Zurückdenken für die Gegenwart. Peggy Meinfelder ist angekommen im neuen Westen, auch als Mitglied der internationalen Künstlerinnengruppe „Expedition Medora", Lehrerin und verheiratete Mutter einer kleinen Tochter. Die Zukunft hat für die geborene Thüringerin gerade erst begonnen.

Bernd Kramer

Menantes und die Perlen der Zufriedenheit

Umarme doch mit wollenweichen Händen / Den heißen Leib, der sich nach Kühlung sehnt; / Erhebe dich mit deinen zarten Lenden, / Schau wie die Lust schon alle Glieder dehnt.

Mit dem evangelischen Pfarrer Bernd Kramer (geb. 1960) kann man gedankenschnell in die Geschichte eintauchen, etwa in das Jahr 1702, da ein Christian Friedrich Hunold (1680–1721) obige Zeilen in seine Feder gab. Doch war es nicht sein Vatername, der den am 29. September 1680 als Tobias Hunold zu Wandersleben geborenen Dichter berühmt machen sollte, sondern vielmehr sein einer Opernfigur entlehntes Pseudonym Menantes. An Leben und Werk des lange vergessenen, einst gefeierten Schriftstellers erinnern seit dem 17. September 2005 die seinen Namen tragende Literaturgedenkstätte im romantischen Pfarrhof von St. Petri in der Dorfidylle von Wandersleben und der Preis für erotische Dichtung – ersonnen von einem Gottesmann! Wir kennen uns seit Jahren als Freunde von Malerei und Dichtung gerade auch im Gemeindeleben um das meist stille Flüsschen Apfelstädt.

Folgt man den Worten Kramers, dann „vermögen Herz und Verstand aufzugehen über diesen großen Sohn des Ortes und deutscher Geistesgeschichte, der 25 Bücher verfasste." Sein 1700 erschienener erster Roman „Die verliebte und galante Welt" begründete den frühen Ruhm dieses „Simmels des Barock". Wer Näheres über Menantes in Wandersleben erfahren möchte, für den sind die Namen Bernd Kramer und Dr. Cornelia Hobohm sowie Dr. Jens-Fietje Dwars die erste Adresse.

Was man weiß, was man wissen sollte. Christian Friedrich Hunold war schon elfjährig Vollwaise, ging in Arnstadt in die Lateinschule, wechselte auf das vom Meister der barocken Poetik Christian Weise geführte „Gymnasium illustre Augusteum" nach Weißenfels und studierte ab 1698 Jura an der Universität Jena. Kramer: „Nachdem er mangels Geldes sein Studium abbrechen musste, zog es ihn in die Welt der Händler, Verleger und der Oper – nach Hamburg. Fand er zunächst Lohn und Brot als Schreiber für einen Advokaten, verfasste er in seiner freien Zeit satirische Romane und Gedichte aber auch Librettos („Salomo", „Nebucadnezar") und ein Passionsoratorium („Der blutige und Sterbende Jesus"). Was war das Besondere an ihm? Dieser Menantes nahm in seinen vielgelesenen Schriften kein Blatt vor den Mund und hielt Bürgern wie Aristokraten einen kritischen Spiegel vor. Sein „Satyrischer Roman" zum frivolen Hamburger Opernleben freilich löste anno 1706 einen derartigen Skandal aus, dass er nach Wandersleben fliehen musste. Hier reflektierte er über „Die allerneueste Art zur reinen und galanten Poesie zu gelangen". Dieses übrigens „nicht weit von Freudenthal bey dem Schlosse von Gleichen", wo der Sage nach ein zweibeweibter Graf mit päpstlichem Segen wohnte…

Konzerte & Vorträge

in der Menantes-Gemeinde Wandersleben

Programm 2009

Menantes-Gedenkstätte
im Pfarrhof von Wandersleben

geöffnet vom 1. Mai bis 30. September
Sa/So 14 bis 16 Uhr
Darüber hinaus nach Vereinbarung.
Anmeldung bitte unter
Tel. (036202) 90595

www.menantes-wandersleben.de

Gefördert durch:

Deutscher Literaturfonds e.V. Darmstadt, Landkreis Gotha,
Fiege Mega Center Erfurt GmbH & Co. KG, Freistaat Thüringen

Jahresthema:

Fabelhaftes Europa – Europa der Fabeln

unter Schirmherrschaft des
Thüringer Ministerpräsidenten Dieter Althaus

Weiter in der Historie: Anno 1708 machte der galante Stilist und spätere Doktor der Rechte sowie Privatdozent in den Salons von Halle an der Saale von sich reden. Man las seine Texte und hing an den Lippen jenes Mannes, der schon Jahrzehnte vor dem Freiherrn von Knigge über gutes Benehmen sinnierte. Dies etwa 1710 in „Die Manier, höflich und wohl zu reden und zu leben" und in von ihm übersetzten Äsopschen Fabeln zur „Auferziehung der Jugend". „Doch: Als er schließlich vier Jahre später seine Elisabeth Zindel heiratete, die ihm vier Kinder gebar, löste sein Federkiel keine Skandale mehr aus" bedauert Kramer. Menantes starb an den Folgen der Tuberkulose. Sein Grab ist unbekannt.

Der seit 25 Jahren in Wandersleben und weiteren Orten segnende Pfarrer Kramer lädt jedermann gern ein in die attraktive Gedenkstätte an Apfelstädts Kulturmeile, um die sich der 2002 gegründeten Menantes-Förderkreises bemüht. Nicht sicher ist sich der kunstbesessene Geistliche, ob Menantes seinen Zeitgenossen Johann Sebastian Bach aus dem nahen Arnstadt persönlich kennenlernte. „Annehmen sollte man es freilich, sowohl ob der räumlichen Nähe als auch aus Arbeitsgründen." Denn Bach vertonte sieben Texte von Menantes. Zudem finden sich seine Werke in Kompositionen von Georg Philipp Telemann und Johann Friedrich Fasch wieder. So wundert die regelmäßige Menantes-Ehrung nur noch Uneingeweihte. Im Jahre 2022 wird bereits zum achten Male der nach ihm benannte Preis für erotische Dichtung ausgeschrieben,

gestiftet von den Volks- und Raiffeisenbanken. Dann laden der mit dem Thüringer Kulturpreis geehrte Menantes-Freundeskreis, die Zeitschrift „Palmbaum" und eine Jury unter die ausladenden Bäume des Pfarrhofes ein, wo die Verfasser bei Kaffee und Kuchen, Bier und Bratwurst in der Endrunde ihren erotischen Wettstreit austragen. Es bewarben sich zu den einzelnen Wettbewerben bis zu 700 Autorinnen und Autoren aus 15 Ländern. Eine Anthologie des quartus-Verlags druckt die jeweils besten Beiträge ab.

Pfarrer Kramer ist sich gewiss: „Wir arbeiten mit Weitblick und wollen die erste Anlaufstelle zu Menantes sein – vom Vergnügen bis zur Wissenschaft." Kein Zweifel, dass dies gelingt – getreulich jenem Zitat auf dem Menantes-Denkmal des Ortes: „Dieses Weltmeer zu ergründen, ist Gefahr und Eitelkeit, in sich selber muß man finden Perlen der Zufriedenheit".

Gerd Fischer

TIERHEIM
...HEN TIERSCHUTZBUND

Ein lebenslänglicher Tier-Fischer

Gemeinsam haben wir beide so manchen Strauß nach friedlicher Ritterart ausgefochten, freilich nicht gegen sondern miteinander: der Vorsitzende des Landestierschutzverbandes Thüringen, Gerd Fischer (geb. 1947), und ich als sein Pressesprecher. Über sieben Jahre teilten wir Freud und Leid, wobei letzteres der Tiere uns zusammenbrachte. „Achtung vor allem Leben!"– das war das Motto des 1990 gebildeten Thüringer Verbundes mit nunmehr 30 örtlichen und 17 vereinseigenen Tierheimen sowie drei Tierauffangstationen.

„Unsere Geduld ist am Ende, wir erwarten von der Landesregierung endlich Taten zur Regelung des Umgangs mit Fundtieren." Das war einer der markigen Fischer-Sätze, die seinerzeit und immer wieder in den Medien für Aufregung sorgen. Zum „Aufschrei der Namenlosen" gehörte auch die Kampagne gegen die quälerischen Schlachttiertransporte quer durch Europa. Dazu gab es eine deutschlandweit beachtete Postkartenaktion in der „Thüringer Allgemeine", bei der mehr als 3.000 Leser sich in den Protest an den einstigen Bundeslandwirtschaftsminister Borchert (CDU) einreihten.

Von Herz zu Herz für die Tiere streiten, das war es, was alle Tierfreunde einte. „Erst mit der politischen Wende", so erinnerte sich der Diplomjurist Fischer, „wurden uns Organisationsformen in Gestalt der Vereinsgründung eröffnet, welche die bis dahin vielen Einzelinitiativen in den Städten und Gemeinden Thüringens zu einer starken Gemeinschaft Gleichgesinnter zusammenführen ließen, es ging für uns gewissermaßen von 0 auf 100."

Der stets korrekte Fischer war von Anfang an Motor dieser Bewegung, die für Thüringen am 29. September 1990 in Eisenach begann. Die damals existierenden Tierheime in Erfurt, Gera und Weimar konnten nicht ausreichen. Auch fehlten diverse Rechtvorschriften für den organisierten Tierschutz vor Ort. Fischer: „Und dann begann die Zeit des Suchens nach geeigneten Objekten, denn Geld für Neubauten hatten bis auf die Stadt Nordhausen weder die anderen Städte noch die Tierschutzvereine." Der Landestierschutzverband schlug vor, und die Landesregierung reagierte – es gab Fördermittel für jene künftigen Tierheime, um die sich seit damals „außerordentlich engagierte Tierschützer" sorgen.

Um es zu betonen: Tierheime sind nicht das Privatvergnügen einiger Tierfreunde, vielmehr erfüllen sie einen außerordentlichen gesellschaftlichen Auftrag. Nimmt man allein die Fundtiere. Fischer, der selbst noch dem Eisenacher Tierheim Trenkelhof vorsteht und dort nur zu oft die Hemdsärmel hochkrempelte, gibt zu bedenken: „Was würde wohl aber aus diesen Fundtieren und herrenlosen Tieren, die mit zunehmender Population auch zu einem Problem der öffentlichen Ordnung und Sicherheit würden? Diese Ungewissheit wollen wir den Tieren ersparen, nicht zuletzt indem wir sie, sobald es möglich ist, in gute Hände abgeben."

THÜRINGER TIERSCHUTZKURIER

Herausgegeben vom Landestierschutzverband Thüringen e.V.
im Deutschen Tierschutzbund e.V.

anläßlich der festlichen Eröffnung der 3. Thüringer Tierschutzwoche
am 20. Juni 1998 im Festsaal des Rathauses von Erfurt

TIERHEIM

Jahr für Jahr werden rund 75.00 Katzen in Deutschland durch die Tierheime
vermittelt und finden so einen neuen Besitzer - oder eine Besitzerin.

Gemeinsames Motto der Tierschützer: "Achtung vor allem Leben"

Nun findet sie bereits zum dritten Male statt: die Thüringer Tierschutzwoche unter dem Leitgedanken "Achtung vor allem Leben". Sie beginnt mit einer feierlichen Zusammenkunft am 20. Juni im Festsaal des Erfurter Rathauses. An dieser Veranstaltung nehmen die Vertreter der 34 Mitgliedsvereine des Landesverbandes Thüringen teil. Besonders stolz sind die Organisatoren, daß sich auch Thüringens Ministerin für Soziales und Gesundheit, Irene ELLENBERGER, sowie der Präsident des Deutschen Tierschutzbundes e.V., Wolfgang APEL, und mit ihm erstmals das Präsidium dieser ältesten Tierschutzorganisation in Deutschland zur Sitzung in einem neuen Bundesland angesagt haben.

Immerhin erfreuen sich die ehrenamtlichen Thüringer Tierschützer seit der Wende eines hohen Ansehens. Hatten sich bereits 1990 etwa 12 Tierschutzvereine gegründet, sind es derzeit rund 40, von denen 34 sich dem im

Jahre 1990 gebildeten Landesband e.V. - dem größten TierThüringens - organisiert haseit 1990 dem Deutsche.V. an, der immerhin stärkste Tierschutzorgatiert. Zu den vordringlichsten ALandestierschutzverbandes gehört elung des organisierten Tierschutzes - vom örtlichen Tierschutzvereine bei der Entwick Tierheim bis hin zur Öffentlichkeitsarbeit - zu unterstützen, auch durch das Bemühen um konkrete Rechtsvorschriften auf Landesund Bundesebene sowie die Zusammenarbeit mit den Kommunen, Veterinärbehörden, Naturschützern, Landwirtschaft usw.

Besonders eng gestaltet sich die Zusammenarbeit mit dem Ressortministerium für den Tierschutz. Hier haben sich Vertreter des Landestierschutzverbandes als geachtete

über W...
organisierten neuben, um damit neuTiere, die ja leider no... Gliedern der Gesellschaft g... winnen. Dazu haben sich versch... toren bereitgefunden, ihren persönli... Beitrag zu leisten. Die Herausgeber würden sich über Anregungen der Leser freuen, um gegebenenfalls regelmäßig mit einem Thüringer Tierschutzkurier aufzuwarten.

Impressum

Herausgeber:
Landestierschutzverband Thüringen e.V.

V.i.S.d.P.
Wolfgang Leißling

gedrukt auf chlorfreiem Papier

Themen dieser Ausgabe:

3. Thüringer Tierschutzwoche

Grußworte der Ministerin f
und Gesundheit
Irene ELLENBERGER

sowie

der Präsident de
schutzbundes
Wolfgang A

Bilanz d
den zur
von C

Die
Franz-von-Assisi-Medaille
des
Deutschen Tierschutzbundes

FÜR BESONDERE VERDIENSTE

DEUTSCHER TIERSCHUTZBUND

Sie wird zur Eröffnung
der Tierschutzwoche
in Erfurt
für herausragende
Leistungen verliehen

Dies geschieht ebenso über die mit der Sängerin Uta Bresan 1994 im MDR gestartete Sendung „Tierisch, tierisch", die wiederholt im Rennsteigland als Vermittlerin unterwegs ist. Herzen für hilflose Geschöpfe schlagen dank der Thüringer Tierschützer längst überall im Land, und das nicht nur für die Vierbeiner. Fischer bezieht klare Position: „Wir sind alle aufgerufen, zu verhindern, dass ein Tier nur wegen fehlender finanzieller Mittel oder Unterbringungsmöglichkeiten getötet wird."

Die Bonner Zentrale des 1881 gegründeten Deutschen Tierschutzbundes weiß sehr wohl um Ideen und Fleiß der zu ihm gehörenden über 3.000 Thüringer Mitglieder und ihres nimmermüden Vorsitzenden – von der Tierschutzwoche, dem Tierschutzpreis bis zu den Tierschutzberichten und dem endlich in der Landesverfassung im Artikel 32 verankerten Tierschutz. „Weniger Tierfeinde in den Bundestag" oder „Ich bremse auch für Tiere" – das waren über die Medien transportierte öffentliche Ankündigungen, ebenso wie die Anklagen gegen schießwütige Jäger oder wissenschaftliche Versuche mit Primaten und andere Formen der Tierquälerei. Außerdem engagierte sich Fischer über zehn Jahre für das Tierwohl in Odessa.

Denn: Jeder Tag ist ein Tierschutztag, und Tierschutz ist zugleich Menschenschutz. So hieß es im „Thüringer Tierschutzkurier", den wir gemeinsam 1998 herausgaben. Deshalb sind die Thüringer immer verlässliche Protestanten in Berlin, etwa zur „Grünen Woche 2020" unter dem Leid(t)gedanken „Wir haben es satt!" Es war dies ein leidenschaftliches Ja zu gutem Essen, klimagerechter Landwirtschaft sowie zum Erhalt der Bauernhöfe, aber auch ein nachhaltiges Nein zur verhängnisvollen Macht der deutschen Agrar- und Fleischindustrie. Nicht nur das Familienunternehmen Tönnies mit Sitz in Rheda-Wiedenbrück stand 2020 für den skrupellosen Umgang mit Tausenden Menschen und Tieren. Wann immer es ihm möglich war, fand man Fischer unter ihnen, weil er seinen Mund nicht halten kann, wenn es um das Tierwohl geht. Wer einen bekennenden Tierversteher, aber weniger einen duldsamer Tierflüsterer sucht, hier ist er. Den Vogel Strauß mag er, doch nicht die abduckende Vogel-Strauß-Strategie, schon gar nicht beim Boykott gegen Kampfhunde.

Wie lautete doch ein Jesus-Wort im Evangelium vor seinen frühen Anhängern: „Ich werde euch zu Menschenfischern machen!" Gerd Fischer, dieser stämmige Mann mit der selbstbewussten Stimme, ist etwas Besonderes, eben ein namentlicher und funktioneller Tier-Fischer. Seit mehr als drei Jahrzehnten Tier-Fischer zu sein, ist für ihn zugleich eine lebenslange Berufung.

Klaus-Dieter Kerwitz

Heiter bis wolkig mit Kunst unterwegs

Das ist ein großer Satz, denn er stammt von Paul Cezanne: „… der Künstler notiert seine Empfindungen nicht so, wie der Vogel seine Töne moduliert: er komponiert." Die Bestätigung dafür fand ich bei wohl mehr als 150 Künstlern vieler Länder, die persönlich kennenzulernen, ich über Jahrzehnte die Ehre hatte: Doch nur einer von ihnen bescherte mir das besondere Glück, mit ihm wiederholt on tour zu gehen: Klaus-Dieter Kerwitz (1940–2017), geboren in Nordhausen, Schüler bei den Professoren Werner Tübke und Walter Mattheuer an der Hochschule für Grafik und Buchkunst in Leipzig.

Ich lernte ihn für unsere TA-Zeitungsgalerie kennen, nachdem mir in einer Ausstellung u. a. seine expressive Radierung „verregnetes Gespräch" aufgefallen war. Das Ergebnis waren alles andere als verregnete Gespräche, im Gegenteil, sehr anregende, gar philosophische Dialoge mit diesem sympathischen, breitschultrigen Manne mit den krausen Haaren und dem dichten Vollbart. Für ihn, den freischaffenden Maler und Grafiker aus dem romantisch in einer Quellmulde gelegenen Rüdigsdorf, waren die Jahre immer gut gelaufen. Ausstellungen quer durch das Land, später zwischen Frankreich und Polen, Schweden und Dänemark, öffentliche und private Ankäufe, Preise wie „100 beste Grafiken", Wandbilder für Seniorenheime und Gaststätten sowie die Szenografie für „Frau Holle" an den Bühnen der Stadt Nordhausen (teils zusammen mit seinem zeitweiligen Atelierfreund, dem bekannten Maler und Grafiker Gerd Mackensen) gehörten zu seinem Alltag.

Kerwitz war das, was man einen Bodenständigen nennen konnte, einer, der sich nicht nur für das Blatt unter dem Stift und den Griffel aufrieb, sondern sich von seiner selbst hergerichteten Scheune samt Gartenidyll zusammen mit Sohn Tomas und vielen anderen Einwohnern für die vom Gipsabbau bedrohte Rüdigsdorfer Schweiz einsetzte. Die Liebe zur Heimat stand immer genauso obenan, wie zu seiner Gattin Heidemarie, die im einstigen Café den leckersten Kuchen zu backen wusste, der sich denken ließ. Ach, die beiden Kerwitze, wie sehr vermisse ich, was nach seinem Tod nicht mehr zusammenzufügen war.

Aber die Erinnerung an den bildnerisch fabulierenden Nordhäuser und seine Streicheleinheiten in Mischtechniken oder Aquatinten ist nicht zu nehmen. Selten gab es so viel Spaß mit Klaus-Dieter und Marie wie bei unserer Bildertour, in der ich nur zu gern den Laudator gab. Wo waren wir nicht alles? Etwa auf Einladung der Firma Eckes in Nieder-Olm. Klaus-Dieter kam zwar nicht auf die Idee eines Udo Lindenberg, mit köstlichem Likör zu malen, aber die Tropfen genießen fast bis zum Abwinken, das konnten wir beide. Oder im gründerzeitlich repräsentativen Literaturzentrum Wiesbaden. Dort, in der einstigen Fabrikantenvilla „Clementine" sah man seine Bilder unter dem ausladenden Kronenleuchter in Blicknähe zu jenen eigens für die Verfilmung der „Buddenbrooks" eingerichteten Kontorräumen. Oder dann ein anderer Höhepunkt auf Einladung von Dr. Gerlinde Gräfin und Prof. Erban Graf von Westphalen in die Kemenate ihrer Burg Großbodungen. Auch hier reichten die Stühle nicht, um all jene zu fassen, die sich an den Aquarellen und Grafiken sattsehen und so einem Perfektionisten über die Schulter schauen wollten. „Heiter bis Wolkig" nannte er damals eine seiner Mischtechniken auf Bütten, und so war eben seine Sicht auf das Leben: zwei Augen zum Sehen und ein offenes Herz, das auch vernagelte Türen und Tore von vergessenen Denkmalen im Südharz auf einer Radierung nicht ignorierte. Konsequenterweise trug denn sein repräsentativer Katalog zum 70. den Titel „schwarzweiss in Farbe" – für mich als dem Vorwortgeber „in alter Freundschaft" signiert. Möge es ihm vergönnt sein, anderswo mit Skizzenblock und Kamera, den erhofften „Kick" für seine Kunst zu bekommen, wer weiß!

P.f. 2012 !

„Aber hallo!"   Kerwitz
                         2011
herzlich Heidemarie + Dieter

für Wolfgang Leißling

01. I. 2012

in alter Freundschaft
herzlich Klaus-Dieter

Christo Javacheff

Wolfgang Bethge, Galerie Bethge Erfurt

Nur verhüllt zu erleben

Die europäische Kulturstadt Weimar ist vor einigen Jahren knapp an einer weiteren Weltsensation vorbeigeschrammt. Denn: es war kein Geringerer als der Bulgare Christo Javacheff (1935–2020), der auf meine Frage, ob er sich denn nicht auch eine Verhüllung des so geschichtsträchtigen Deutschen Nationaltheaters vorstellen könnte, spontan antwortete: „Das kann ich mir gut vorstellen hier am Ort der deutschen Klassik. Stoff oder Gewebe wären als Material dafür durchaus denkbar. Eine Anregung ist der Gedanke für mich allemal, dass Klassik und Bauhaus auf das 21. Jahrhundert treffen."

Es war sein großer Auftritt im Weimarer Volkshaus (1906/1908), wo einst Karl Liebknecht und Rosa Luxemburg redeten und Friedrich Ebert ein Büro hatte. Dort hatte er angekündigt, über sein damals jüngstes von inzwischen etwa 50 Projekten zu sprechen: den „Verhüllten Reichstag" (englisch: Wrapped Reichstag). So wurde die Klassikstadt ein Puzzle im Werbezug von Christo und Jeanne-Claude für ihr Land Art-Vorhaben. Es sollte von 1971 bis 1995 dauern, bis das Reichstagsgebäude in Berlin vom 24. Juni bis 7. Juli tatsächlich vollständig mit aluminiumbedampftem Polypropylengewebe verhüllt war. Es wurde eines der bekanntesten Werke beider für den öffentlichen Raum und dabei letztlich vergängliche Kunst.

Doch soweit war es noch nicht, als wir uns in einen separaten Raum des historischen Volkshauses zurückzogen und ich ihn fragte, ob denn die so eindeutige Bonner Pro-Entscheidung mit 292 dafür und 223 dagegen ihn überraschte. „Überraschend war für mich nur der große Unterschied zwischen Nein- und Ja-Stimmen und dass die Mehrheit so günstig für unser Team ausfiel." Am Abend zuvor hatten das Künstlerpaar noch vermutet, dass ihnen nur ein knapper Erfolg beschieden wird.

Immerhin gab es im Plenum des Bundestags auch einige nationalistische Töne, warf ich ein. Christo gelassen: „Bei all meinen Projekten spiegeln sich stets die Eigenschaften der jeweiligen Situation vor Ort wider – so facettenreich war es auch diesmal beim Reichstag." Das sei auch der Grund, weshalb er meine, dass seine Projekte „letztlich größer sind als die eigene Vorstellungskraft es zulässt, weil sie allen Interpretationen offenstehen." So sei es bei Wolfgang Schäuble (CDU) gewesen, „der sich offensichtlich nicht klar darüber war, dass auch er einen Teil des Gesamtumfangs dieses Projektes bildete, in dem sich Ost-West-Beziehungen wiederspiegeln."

Neben dem politischen Blick auf die Projekte des astrologischen Zwillingspaares haben diese auch eine ökonomische Seite, sind sie doch mit Aufträgen für hunderte Arbeitsplätze verbunden – von der öffentlichen Ausschreibung für die benötigten Materialien bis zur praktischen Umsetzung vor Ort. Am voll funktionsfähigen Reichstag waren 90 professionelle Kletterer tätig und verdienten ebenso gutes Geld wie die deutschen Produzenten des Gewebes.

Kräne und Gerüste waren nicht nötig. Überhaupt, das Thema Geld. Das Besondere an den Verhüllungen – wo auch immer – ist auch, dass die Christos die notwendigen Finanzen über den Verkauf ihrer Arbeiten selbst erwirtschafteten. „Das will ich Ihnen gern erklären" meinte mein Gesprächspartner: „Alles läuft über meine Frau Jeanne-Claude (1935–2009) und mein Studio in Manhattan. Dort entstehen auf 180 Quadratmetern meine zeichnerischen Vorlagen des jeweiligen Kunstwerkes, und diese Unikate kosten als Vorstudien, Zeichnungen und Collagen zwischen 9.000 und 200.000 Dollar. Wobei jeglicher Gewinn ausgeschlossen ist."

Was der so agile documenta-Künstler Christo in Weimar noch nicht wissen konnte, dass der „Verhüllte Reichstag" nach dem 24. Juni 1995 rund 13 Millionen Dollar kosten sollte und von rund fünf Millionen Besuchern betrachtet wurde. Für die Stadt Berlin waren die Touristen aus aller Welt eine zusätzliche Einnahmequelle, bis die Installation ab dem 7. Juli wieder abzubauen war. Wobei das verwendete Material – wie von Christo vorher versprochen – recycelt wurde. Es war dies einmal mehr ein Sieg über technische und bürokratische Hürden. Christo, der so produktive Anreger, war in vielerlei Hinsicht ein Visionär. Einen solchen fragte man selbstredend nach künftigen Vorhaben. Sie lauteten: „So möchte ich ein größeres Stück Fluss in meinem Projekt ‚Over the River' auf der Ostseite der Rocky Mountains mit Stoff überspannen. Ich verspreche mir davon eine neue Dimension meiner Arbeit. Ein weiteres Projekt ist für den Central Park vorgesehen." Wir wissen heute, was aus diesen und anderen Gedanken des Mannes mit den gottväterlich wehenden weißen Haaren wurde. So entstand 2005 in New York „The Gates", wobei 7.503 metallene Tore mit safrangelben Stoffbahnen überspannt wurden – wahrlich eine Augenweide. Mit großen Zahlen konfrontiert wurden die Besucher 2016 bei „The Floating Piers". Hier galt es, mit 75.000 Quadratmeter dahliengelbem Stoff bespannte begehbare Stege aus rund 200.000 Polyethylenelementen am Ufer des italienischen Iseosees auf zwei Nachbarinseln zu schaffen. Ein grandioses Schauspiel mit drei Kilometer langen und 16 Meter breiten 50 Zentimeter hohen Stegen. 1,2 Millionen Menschen wanderten mal eben über das Wasser…

Es war eine überaus traurige Nachricht, die Christos weltweite Verehrerschar im Frühjahr 2020 erreichte. Er verstarb kurz vor dem 25. Jubiläum seiner „Verhüllung des Reichstags" und hatte doch schon im Kopf die umfänglichen Vorbereitungen zur Verhüllung des Pariser Arc de Triomphe. Wird diese im September 2021 dennoch gelingen ohne diesen großen Anreger, der seine Projekte stets weniger als Kunst, sondern vielmehr als Architektur sah?

Weimar hatte eine klitzekleine Chance, im Lichte eines Projektes von Christo zu leuchten, der am 28. Februar 1994 auf dem Weg nach Berlin mit Gattin auch in Erfurt weilte und dort im Ibis-Hotel übernachtete. Realistischer ist es nun schon, sich dem vergessenen Weimarer Volkshaus als Denkmal der Zeitgeschichte zu widmen. Wo bis 2009 noch Konzerte stattfanden, drohen nach einem Besitzerwechsel die Baufälligkeit und Geisterstätte wie anderenorts. Was wohl würde ein Christo dazu sagen, der mit „seinen Augen die Welt in Ordnung" bringen wollte?

Georg Menchén

Georg Menchén · Wolfgang Leißling

Burgen
zwischen Werra
und Elbe

GREIFENVERLAG
ZU RUDOLSTADT

Auf Burgentour mit Georg zwischen Werra und Elbe

Wer es sucht, wird es finden, in Weimar an der Hausknecht-straße auf dem historischen Teil des Friedhofs. Den Hang hinter dem Gittertor hinauf und rechterhand an der Grenz-mauer abbiegend, dort ist seine letzte Ruhestätte: Dr. Georg Menchén (1936–1989). Schon der aufgebrochene Grab-stein verweist sinnbildlich auf sein unvollendetes Leben. Doch mit jedem Besucher vollenden sich Gegenwart und Vergangenheit im Nachdenken über einen Menschen, den „Leidenschaft in strebendem Bemühen" kennzeichnete, wie es in einem Nachruf hieß. Gleichwohl war er ein über-aus streitbarer kritischer Geist, nicht nur im Theaterparkett, sondern auch im polemischen Attackieren von kleinen und großen Opportunisten aller Art.

Wir saßen uns im Spätherbst 1967 als Kollegen in der Kulturredaktion der TLZ gegenüber – Schreibtisch an Schreibtisch. Er war mein Chef und redigierte mir gegen-über, ich sein ihn schon bald verehrender Eleve. Georg Menchén half mir beim schreibenden Ausschreiten völlig unbekannter Wege, zog dabei mitunter die Stirn in Falten oder verteilte auch genüsslich lesend seinen Pfeifenrauch in unserer zweiten Etage. Wenn es zu loben galt, hellten sich seine Züge im Nu auf. Wir waren Kollegen und ir-gendwann Freunde, und meinem kleinen Sohn Friedrich war es gar vergönnt, dem Onkel Georg nur so bei uns zu Hause in den mächtigen Bartwuchs unter der Brille grei-fen zu dürfen.

Wenn uns etwas beruflich besonders verband, dann war es neben der Redaktion an der von ihm geschaffenen TLZ-Beilage „Treffpunkt" jenes Buch, mit dem die gar unter-schiedlichsten Rekorde gebrochen wurden: es war das vom Format her größte, teuerste und schwerste, was es zum Thema Burgen jemals in der DDR gab. Ein Rezensent schrieb: „Das Buch hat nur einen Nachteil. Als Wanderge-päck ist es zu schwer. Zwei Kilo." In der Tat, der im Ru-dolstädter Greifenverlag edierte Text-Bildband „Burgen zwischen Werra und Elbe" hatte es in sich: Um auf 388 großformatigen Seiten 27 Einzelbeiträge, Vorwort, einen Katalogteil und 333 farbige sowie schwarzweiße Fotos (Frank Schenke) unterzubringen, bedurfte es des Jahreskon-tingents an Kunstdruckpapier für den geschichtsträchtigen Thüringer Verlag auf Rudolstadts Heidecksburg.

Georg hatte gerade im Brockhaus Verlag Leipzig seinen klugen Band über den Thüringer Curt Unkel, den die Ur-waldindianer „Nimuendaju" nannten, vollendet und war nun voller Tatendrang, „…vom Regenwald auf Burgen-fahrt mit Wolfgang…" zu gehen, wie er mir in sein Buch hineinwidmete.

Wie oft Georg und ich von der Weimarer Külzstraße über Blankenhain nach Rudolstadt gefahren sind oder ich allein von Erfurt aus, wurde nicht aufgeschrieben und auch nicht, dass wir im tiefsten Winter einmal mit seinem Pkw „Dacia" fast einen Hang hinuntergeschlittert wären. Ansonsten gab

es ein gemeinsames Konzept mit aufgeteilten Objekten, und jeder fuhr zu den Burgen und Schlössern für sich, ich mit meinem Wartburg 311. Ziel war es, zwischen den Pfalzen Memleben/Tilleda und Schloss Burgk, zwischen Wartburg und Ortenburg 1.000 Jahre Historie des Burgenbaus sowie die mitunter gar amüsanten Geschichtchen ihrer Erbauer und Besitzer zu erzählen.

Wenn Zahlen etwas sagen, dann diese: wir benötigten als normal beschäftigte Vollredakteure alles in allem sieben Jahre unserer Freizeit dafür. Das Ergebnis aber ließ sich sehen: zwei Auflagen erschienen als „Bückware" in der DDR und eine mit verändertem Titel „Burgen zwischen Eisenach und Bautzen" (der Hinweis zwischen Werra und Elbe hätte ob der Grenze der beiden deutschen Staaten damals irritiert) in der BRD. Klar wurden wir zu zahlreichen Lesungen eingeladen – natürlich nur im Osten und durften allerdings für die Westauflage jeder aus seinem Greifen-Honorar 500 DDR-Mark in sogenannte Forumschecks über 500 DM für die Intershops eintauschen. Eine Geste, die wir goutierten.

Und sicher waren noch weitere Auflagen möglich, wenn nicht mit der politischen Wende hierzulande die Glücksritter über den kleinen Thüringer Verlag hergefallen wären. Zwei Westautos vor der Tür und große Worte ohne Taten, das wars. Besonders schlimm trieb es der Hauptgesellschafter der Greifenverlag GmbH, der „auf Grund von gefälschten Dokumenten von März bis Mai 1993 vom Verlagskonto bei der Kreissparkasse Rudolstadt eine größere Summe auf sein eigenes Schweizer Konto überweisen" ließ (TLZ). Damit war der Verlag weg von Markt, das anspruchsvolle Herbstprogramm des Jahres nur noch Makulatur. Ein Jahr später hätte der von Karl Dietz gegründete Verlag sein 75. Jubiläum feiern können. Aus der Konkursmasse der von mir vorbereiteten dritten Auflage bekam ich 11,25 DM mit freundlichen Grüßen…

Aber alles das, lieber Georg, musstest du nicht miterleben, und auch dein großer Wunsch, einmal zu den Bayreuther Festspielen fahren zu können, erfüllte sich nicht. Neues Mitglied der Deutschen Burgenvereinigung wurde leider nur ich. Denn: Dein jäher Tod nach schwerer Krankheit am 21. Januar 1989 riss der zurückgebliebenen Familie sowie Deinen Freunden und Lesern tiefe Wunden in die Herzen. Wenn es je nur einen Menschen in meiner persönlichen Umgebung gegeben hat, dem diese Wende in Deutschland zu gönnen war, dann Dir – einer hoch subjektiven journalistische Edelfeder, von der manche allzu mutige, weil kompetente Artikel über die alltägliche DDR nicht veröffentlicht werden durften. „Er zwang uns durch seine Sicht auf unsere Arbeit, immer wieder in die Auseinandersetzung zu gehen", so schrieb Professor Ekkehard Kiesewetter, einst Schauspieldirektor der Städtischen Bühnen Erfurt, in seinem Nachruf.

Mir bleibt nur tiefempfundenes dankbares Erinnern, wenn ich mich vor Deinem Weimarer Grab als ewiger Freund verneige.

Hans Jürgen Giese

Das Ende eines Schmunzelspruchs

Jeder Orden hat seine Geschichte, so oder so. Die eines berechtigt verliehenen wurde am 8. April 2011 öffentlich: Hans Jürgen Giese (geb. 1949) erhielt den Thüringer Verdienstorden. Die Laudatio benannte Engagement und Ideenreichtum und memorierte den Umbruch in der einst so gefragten Textil- und Strickindustrie Apoldas in der Wendezeit. Wir kannten uns von Anfang an. Als Geschäftsführer des Kunstvereins Apolda Avantgarde e.V. war es Giese, dem Mann mit dem Begeisterungsgen, mit inzwischen rund 150 Ausstellungen und über 550.000 Besuchern gelungen, „einen kulturellen Leuchtturm zum Strahlen zu bringen". Irgendwie dachte der Kulturwissenschaftler Giese wohl auch an Hermann Hesses vielzitiertes Gedicht „Stufen" und die Zeile: „Jedem Anfang wohnt ein Zauber inne." Also haben Giese und seine Partner gezaubert in der einstigen Stricker-, Wirker- und Glockengießerstadt mit dem 1994 gegründeten Kunstverein Apolda Avantgarde und dessen späteren Einzug in die Räume einer ehemaligen Fabrikantenvilla.

„Die Geschichte unseres am 22. Februar 1994 in der Tiefgarage des Apoldaer ‚Hotels am Schloss' gegründeten Vereins begann freilich lange zuvor, als nach dem Ende der DDR für diese Stadt mit ihrer 400-jährigen Handwerker- und Manufakturgeschichte eine neue Identität gesucht wurde", so der Geschäftsführer. Zusammen mit dem damalige Bürgermeister Michael Müller, dem einstigen Landrat Hans-Helmut Münchberg, dem Kreisdenkmalpfleger Alex-ander Weber, Bernd Krükel, Klaus-Dieser Böhm u. a. sowie Hans Jürgen Giese als seinerzeitiger Kulturamtsleiter wurde der Gedanke an eine große Kunstausstellung geboren. Wie passte solches zum Schmunzelspruch: „Bockwurst, Bier und Wolle – wir kommen aus Apolle"?

Da klang Kunst als Neuzugang wohl etwas gewöhnungsbedürftig. Denn: Erfahrungen hatte die Anreger damit keine, und weithin unbekannt war noch jener in der Stadt geborene Kunsthistoriker Franz Roh (1890–1965). So wurden Wille und Motivation zur Tat. Wie heißt es doch im „Faust": „Die Tat ist die Antwort". Erstes Resultat: eine Ausstellung mit Werken von Salvador Dalí sollte es sein. „Gesagt, getan, so kamen die ersten Dalís per Zug in zwei Koffern auf abenteuerlichem Wege über die Grenze ins Thüringische, wurden aber wieder zurückgebracht, weil man ob der Originalität unsicher war."

Als wahrer Glücksumstand erwies sich damals der Kontakt zu dem in Apolda im deutsch-französischen Kulturaustausch tätigen Maurice Thys. Mit seiner Hilfe und dem Pariser Picasso-Museum gelang es, vom 26. Mai bis 31. Juli 1993 im Schloss vier ausgewählte Zyklen Dalís zu zeigen – rund 400 Werke. Für die Schau wurde das schlichte Schloss spontan mit Spanwänden ausgestattet. Es kamen 14.500 Interessierte, hatte man in Apolda doch Vergleichbares nicht gesehen. Giese schwamm sich in jener Zeit allmählich als Kunstmanager frei und erinnert sich: „Wir Initiatoren erkannten sehr schnell, dass solche Kunstausstellungen bei- tragen können, die Lebensqualität der Bürger zu verbessern und die touristische Vermarktung zu befördern." Und fügt hinzu: „Das war der Urknall, der Stadt und Landkreis mo- tivierte, so weiter zu verfahren." Folgen sollte „Von Picas- so bis Man Ray" – Meisterwerke aus dem Musée du Petit

Palais Genf. Wieder kamen über 14.000 Besucher. Funk, Fernsehen und Presse sollten sich von nun an bis auf den Tag die Klinke in die Hand geben. Und es fanden sich Partner wie die örtlichen Geldinstitute, Kunststiftungen und Menschen wie Klaus-Dieter Böhm aus Freiburg, der zusammen mit seiner Frau nach Bad Sulza kam und dort die Kurklinik übernahm und die erfolgreiche Toskana Therme begründete. Von nun an sollte es in Apolda neben der Kunst auch Oldtimertreffen geben, ab dem Weimarer Kulturstadtjahr das Weltglockengeläut, ein Feininger-Pleinair für Kinder in Mellingen sowie die sommerliche Apoldaer Modenacht und vieles mehr.

„Und dann kam wieder ein großes Datum für Apolda, am 12. Juni 1995: die Eröffnung des Kunsthauses in der Bahnhofstraße 42. Nachdem zuvor über Monate die ehemalige Villa eines Wollfabrikanten im italienischen Landhausstil wiederhergestellt worden war." Nun konnten sie alle kommen, die Werke von Max Lieberman und Lovis Corinth, Wilhelm Lehmbruck und Henri de Toulouse-Lautrec, „Traum 1900" und „Worpswede — Insel des Schönen" sowie „Feininger im Weimarer Land", Francisco de Goya, Hermann Hesse, Pablo Picasso, Henry van de Velde, Henri Matisse, Andy Warhol, Helmut Newton … Eingeladen waren zudem Thüringer Künstler wie Otto Knöpfer, Karl Holfeld, Bartold Asendorpf, Horst Sakulowski, die Künstlergruppe Hohenfelden u. v. m.

Wer hätte gedacht, dass es in Apolda ein international beachtetes Designprojekt samt regelmäßigem Wettbewerb geben sollte – den European Design Award? Der immerhin elfte findet 2023 statt. Es wurde viel gestaunt über „Kostümentwürfe der russischen Avantgarde", die schließlich vor Ort nachgeschneidert wurden und sich Modedesigner wie Wolfgang Joop, Karl Lagerfeld und Willy Bogner im Kunsthaus einfanden. So lag sie irgendwann in der Luft, eine neuerliche Ehrung: am 11. Dezember 2001 die Verleihung des Thüringer Kulturpreises. Giese sichtlich stolz für sein Team und die 120 Vereinsmitglieder, doch wolkige Worte sind nicht das Seine. Sachlich sagte er: „Weil wir bürgerschaftliche Initiative, öffentliche und private Förderung kreativ zusammen geführt haben in einer eher strukturschwachen Region, die sich aber als Toskana des Ostens ob ihres romantischen ländlichen Raums nicht verstecken muss."

Wohin soll die weitere Reise gehen in jener Stadt, die Napoleon Bonaparte einst mit dem französischen Gramont verglich? Die Dinge liegen auf der Hand: der Kunstverein hat überzeugende Zeichen des Aufbruchs und des Vertrauens in die Region gesetzt. Das klingt fast wie ein touristischer Goldstandard. Giese ist zuversichtlich: „Wer hätte gedacht, dass Apolda und Kunst und Region einmal zusammen zu denken sind. So mancher, der einst mitleidig über uns lächelte, staunt inzwischen über das, was hier seit 25 Jahren geschieht." Für Giese, der nur zu besonderen Anlässen seine Ordensnadel am Revers trägt, ist jedes ausgestellte Werk auch eine ganz persönliche Begegnung. Da steht wahrlich noch einiges bevor, denn die Ausstellungsplanung geht über 2023 hinaus. Überraschungen sind also einzuplanen, gerade fern der einschlägigen Kunstmetropolen. Schließlich sind wir längst in der Thüringer Impulsregion.

Mario Leibner

Das Gehirn ist meine Hand

Was für eine Lebensbilanz für einen jungen Menschen, aufgezogen in einem Apoldaer Kinderheim: „Dort gab es für mich nur diese Alternative: entweder Absturz oder Erfolg", so erinnerte er sich Jahrzehnte später. Er hatte mir dies vor seiner Personalausstellung bekannt: Mario Leibner JKL, Maler, Grafiker, Bildhauer, Jahrgang 1968 aus Erfurt.

Seine damalige Entscheidung für den Erfolg war alternativlos: Kunst als Überlebenshilfe in freudloser Zeit und gegen den ständigen Herzfraß fehlender elterlicher Liebe. Und so kam er zum Zeichnen, Malen und Drucken. Kunst wurde ihm unverzichtbares Überlebensmittel. Anreger waren ihm Werke von Bosch und Grosz, Rizzi und Götze. Kunst, welcher Luxus in einer Situation, da er sich das tägliche Brot nur vom Entgelt als Kälteanlagenbauer kaufen konnte. Gemalt hat er dann in den Nächten am Rande des Tages.

Wir hatten uns zur Vernissage in einer Bank mit Arbeiten wie „Zauberring" und „Hustenkrankenhaus" zum ersten Mal gesehen. Ich war beeindruckt von ihm und noch mehr, als er 2002 das Studium an der Weimarer Bauhaus Universität aufnahm. Schließlich kam der Tag, an dem er dort seine Diplomarbeit öffentlich verteidigen konnte. Ich war nicht minder aufgeregt als er. „Tagträumer und Nachtwandler – die Suche nach dem Ich" so nannte er sein Projekt. Welche Note werden sie mir geben? fragte er mich, als die Professoren den Raum verlassen hatten. Meine Antwort: Mehr als eine Eins geht nicht. Er bekam die Eins für seinen Zyklus

und den halbstündigen, freien Vortrag. Fünf Jahre hatte er das Studium in der Freien Kunst in sich aufgesogen. Nun war er Diplomkünstler. Das klang schon nach etwas, obwohl er einfach gut war, mit und ohne Diplom. Doch dieses „Sehr gut" anerkannte einen Thüringer Wallraff, der als bärtiger Bauarbeiter mit Stift und Fotoapparat „ganz unten" bei den Obdachlosen zwischen Apolda und Göttingen zuhörte und zeichnete.

Ich verfolgte seinen Lebensweg und war beeindruckt von dessen kraftvollen menschlichen Figuren, seiner wundervollen Rastlosigkeit. Er schien die Farben zu schmecken. Dies auch im Blatt 26 für die Galerie der „Thüringer Allgemeine" mit dem Titel „Und was würden Sie in Ihr Tagebuch schreiben?" Er hat das Seine bildnerisch vorgelegt und spürte seiner gebrochenen Lebenszeit nach. Leibner: „Mich reizte die Kunst wie eine schöne Frau. Da ließ ich mich gern als Eleve in einer Weimarer Grafikwerkstatt auch mal durch die Mühle drehen. Das Gehirn ist meine Hand, und die muss ständig geschult und gefordert werden." Scheinbar nichts vermochte diesem Experimentierdrang zu widerstehen, kein Material schien ihm unbrauchbar. So kam es, dass er an Erfurts Krämerbrücke ein Spruchbett in den Baum hing oder Ludwig der Springer in Stahl durch einen Bilderrahmen an der Fassade der Galerie Bethge seiner Heimatstadt sprang – 2,20 Meter hoch, 70 Kilo schwer – Kunst auch als Knochenarbeit.

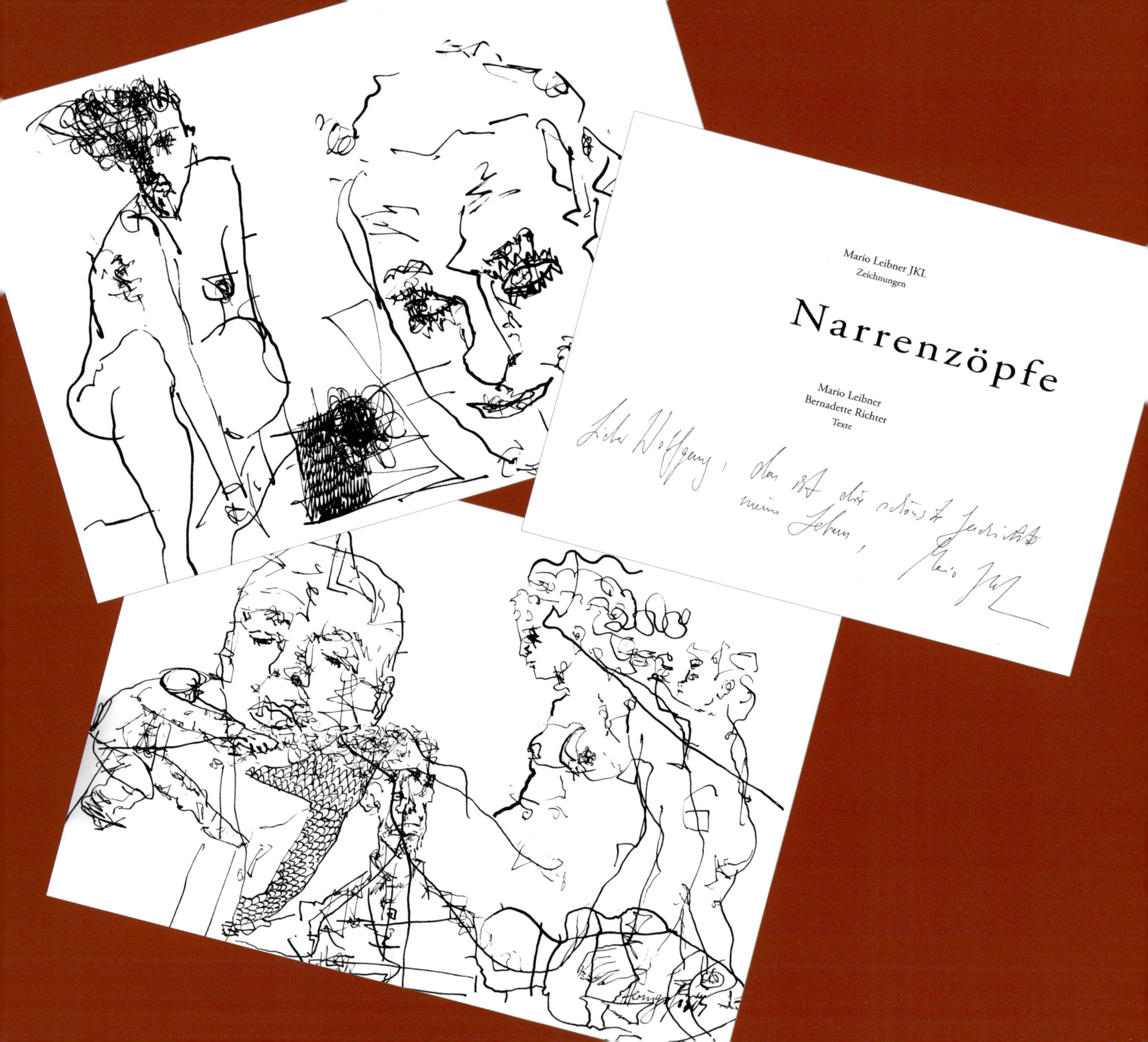

Mario Leibner JKL
Zeichnungen

Narrenzöpfe

Mario Leibner
Bernadette Richter
Texte

„Mit dem Ludwig habe ich zugleich mir etwas Gutes getan", das schwärmte er mir damals vor – ein Schwimmer zwischen Malerei, Grafik und Skulptur und dem Schweißbrenner. Bei Mario – inzwischen waren wir Freunde geworden – erlebt man Malen mitunter als Kampf auf der Leinwand, für dessen Sieg der Schöpfer die teils natürlichen Farben selbst anrührt, um sie dann bis zu zwölfmal übereinander aufzutragen. Es ist ein offener Dialog auf der Fläche. Mal überrascht er dabei mit Farbe satt, mal vergibt er sie getupft, gekratzt oder perforiert. Sein Stil ist lebendig, die Palette überwiegend hell. Zudem präsentiert Leibner seine Bildbotschaften in selbstgebauten Rahmen. JKL, auf dessen Tableaus alles irgendwie mit allem zusammenhängt, inszeniert keine „vollen Bilder" für den Raum. Vielmehr lässt er auf dem Malgrund manche Fläche wie zum Atmen frei und animiert den Betrachter, sich Zeit zu nehmen für persönliche Bilder hinter den Formen, Figuren und Zeichen.

Das eigene Er-Leben ist sein künstlerischer Steinbruch mit dem ehrlichen Blick auf al-

les, was ihn bewegt. Dazu gehören „Gretchen und Faust" ebenso wie „Schillers Schädel". Da einem wie ihm das Wort „nein" nur schwer von den Lippen geht, lädt er mit seiner Bildwelt nicht zu einfachen Wahrheiten ein. Stattdessen gilt sein Credo: „Ich will alles herauskitzeln". So wird er zum Bilderfinder und gibt Titel wie „Der Schrei", „Salatpflücker" oder „Künstlers Tod". Er malt und baut zu Objekten, was und wie er fühlt – oft in größeren Dimensionen.

Marios Weg ist für mich voll von Begebenheiten, und besonders hüte ich sein Künstlerbuch „Narrenzöpfe", auch weil ihm darin ein Zauberer zu dieser autobiografischen Edition animiert: „Solltest du es nicht schaffen, dieses Buch herzustellen, so werde ich dich in eine kleine Kröte verwandeln." Keine Gefahr für Leibner, auch wenn er die Kröte seines fast untergegangenen FC Rot-Weiß Erfurt schlucken musste. Für ihn spielen die Mannen weiter, so oder so, ist er doch ein Künstler mit immer neuen Kopfgeburten.

Knut Kreuch

Ein Mann – ein Goldstück

Es ist schon so, als Vertreter der schreibenden Zunft ist man auch auf den Korridoren der Macht unterwegs und weiß nicht nur um manch wiehernden Amtsschimmel. Doch gab es auch einen Repräsentanten mit Krawatte und Amtskette mit dem ein freundschaftliches Umarmen zum ehrlichen Ritual gehörte – ohne freilich den kritischen Blick zu verlieren: Knut Kreuch (geb. 1966), seit 2006 Oberbürgermeister (SPD) der einstigen Residenzstadt Gotha.

Dieses Gotha mit seinem pittoresken Umland hatte es mir schon immer angetan. Und als mich in den frühen 70ern mein TLZ-Chefredakteur bat, für länger das Redaktionsstübchen am Buttermarkt mit meinem Kollegen Klaus Simmen zu beziehen, sagte ich sofort zu. Das war etwa jene Zeit, da der in Wechmar geborene Knut in die Schule kam. So dauerte es, bis sich unsere Wege kreuzen konnten. Er wurde Fahrzeugschlosser und nach der Wende Verwaltungsbetriebswirt – eine wenig aufregende Berufsbezeichnung für einen vom Scheitel bis zur Sohle agilen Typ wie Kreuch. Als wir das erste Mal miteinander telefonierten, war er Pressesprecher des Gothaer OB: freundlich, kompetent, schnell und voll von Geschichten. Da erfuhr man nebenbei vom Rathaus, dass es ab 1567 ein Kaufhaus war und dort sogar der spätere Herzog Friedrich I. geboren wurde. Das wollte ich als zugereister Geschichtsfreund gern wissen.

Reden und Schreiben über Historie konnte und wollte Kreuch immer, nicht zuletzt selbstverantwortlich ab 1998 als Bürgermeister von Günthersleben-Wechmar. Dies zwischen den Drei Gleichen und dem Seeberg. Wer wusste schon um die Wiege der Bachs in Wechmar? Ein paar Kenner gewiss, doch dass es Einheimische und Touristen bald ins Stammhaus der legendären Familie, das Landhaus Studnitz mit dem Rokokosaal, die imposante St.-Viti-Kirche oder die Reste der einstigen Wasserburg ziehen sollte, das hatte immer auch mit diesem Bürgermeister zu tun, der Mitstreiter nicht nur im Heimatverein fand. „Ich muss einfach die Leute loben, in der Stadt wie in unserer fusionierten Gemeinde. Hier lebt es sich gut, was auch für die Störche auf dem alten Mälzerei-Schornstein zutrifft." So redet ein überzeugter Kommunalpolitiker.

Kreuch, der Tausendsassa, hat viele Lieblingsthemen; eines lautet Thüringer Trachten. Immerhin hat er nicht nur für Thüringen, sondern seit 2002 auch als Präsident des Deutschen Trachtenverbandes im wahrsten Sinne des Wortes die Hosen an. „Na klar führe ich selbst als Oberbürgermeister in historische Tracht durch die Stadt, auch wenn manche darüber lächeln. Ich sage immer, wir Trachtenfreunde sind keine Karnevalisten (was er nebenbei aber trotzdem ist), wir verkleiden uns nicht in ein Kostüm, sondern identifizieren uns in der Tracht mit Sprache und Brauchtum unserer Altvorderen." Irgendwie hat dieser Mann viele Menschen am Haken, nicht nur was die Trachten angeht und wünscht sich mehr junge Leute, die neben Computer und Sport ebenso ein Auge auf das Woher und Wohin der Thüringer Heimat werfen. „Da-

her plädiere ich dafür, den Heimat- und Sachkundeunterricht stärker als bisher auf die Region auszudehnen." Und dann erzählt er, dass er einmal einen Jungen fragte, wie denn das Baby vom Reh heißen würde und als spontane Antwort „Bambi" bekam. Da weiß man, wo es mit Bildung langgehen muss. Und wer es ganz genau wissen möchte, der lese sein „Kleines Buch der Thüringer Trachten" im RHINOVERLAG.

Was ich an Kreuch immer wieder bewundere, ist sein Namens- und Personengedächtnis, auch nach Jahren begrüßt er über die Straße hinweg mit korrekter Anrede: „Hallo, wie geht's, Herr… oder Frau…" und zieht den Hut, wenn er einen aufhat. Besonders grußfreudig ist er der erste Bürger der Stadt bei prominentem Besuch wie Andreas Prinz von Sachsen-Coburg und Gotha sowie dessen willkommener Familie oder den Abgesandten der mit den Gothaern verwandten Königs- und Fürstenhäuser Europas. Nicht von ungefähr lautet das Logo der Stadt „Gotha adelt".

Seit vielen Jahren müht sich Kreuch um intensivere Beziehungen zum britischen Königshaus: „Nur zu gern sähe ich die englische Königin einmal hier in Gotha. Wir würden sie ganz groß in der Stadt und auf Schloss Friedenstein empfangen…" schwelgt er. Gelegenheit, wieder einmal vorzufühlen, hatte er bei einem Empfang der Queen in Berlin. Das Protokoll hatte Kreuch zu einer Gartenparty zu deren 93. Geburtstag in die Botschaft eingeladen. Sein Herz und das der Gattin Bärbel sprangen hoch wie verrückt, als beide der Königin Elizabeth II. vorgestellt wurden und er später ein paar Worte mit dem Thronfolger Prinz Charles sprechen konnte. Groß war die Freude zur Eröffnung des Deutsch-Englischen Jahres, als die Queen eine Grußbotschaft an Gothas Oberbürgermeister sandte.

Noch ein Ereignis mit Umarmung ist für immer mit seiner Biografie verbunden: Die Rückkehr der 1979 geraubten wertvollen Gemälde ins nunmehr Herzogliche Museum. Dieses Wunder von Gotha begann mit einem mysteriösen Anruf an Kreuch: „Ich wusste, dass die andere Seite am längeren Hebel war und suchte juristischen Rat. Mein Ziel war eine Übergabe ohne die geforderte Gegenleistung von 5,25 Millionen Euro." Um es kurz zu machen: Er fand diskrete Partner, hatte mit zunächst zittrigen Knien letztlich das Glück des Tüchtigen in Geheimverhandlungen und wurde von Ministerpräsident Bodo Ramelow sogar als „ein Goldstück" gewürdigt.

Freilich blieben von manchen Rathausträumen des OB nur taube Blüten. So wurde – von anhaltender Kritik begleitet – beispielsweise das traditionsreiche „Volkshaus zum Mohren" aufgegeben, vergingen Jahre, bis das Winterpalais für die Heinrich-Heine-Bibliothek gerettet war, und schon besteht die Villa des einstigen Hermann-Haack-Klubs nur noch aus einer Fassade. Aktuell plädiert Kreuch im Streit um die Mitteldeutsche Schlösserstiftung mit Sitz Halle für eine „Stiftung Kulturerbe Mitteldeutschland" und einen gemeinsamen Unesco-Weltkulturerbeantrag für Thüringens Schlösserwelt… Auch von daher bleibt genug zu tun für ihn, der zudem Autor und Vater von zwei Kindern ist. Wir alle sind eben einzigartig. Wie auch immer sind unsere freundlichen Umarmungen eingeschlossen. Nicht zuletzt dank Knut Kreuch ist mir Gotha einmal mehr zu einem weiteren Zuhause in Thüringen geworden.

Belohnte und verlorene Mühen

Es gibt Vorlieben im beruflichen Alltag. Für meinen Teil bevorzuge ich den Außendienst. Doch manchmal überträgt sich die Spannung einer Begegnung auch über das Telefon, und wiederum manchmal fällt ein Interview einfach aus.

Es war im Frühjahr 1997, da geisterte es durch den deutschen Blätterwald: Im bayerischen Feldafing stimmten 39 Prozent der Bürger für und 61 Prozent gegen Lothar-Günther Buchheims (1918–2007) „Museum der Phantasie". Der Kunstskandal bedeutete, dass es kein Interesse für die wertvolle Sammlung des Verlegers, Malers und Autors des Romans „Das Boot" gab. Während die Stammtischstrategen frohlockten, besorgte ich mir seine Rufnummer und hatte für die „Thüringer Allgemeine" seltenes Glück mit exklusiver Hörnähe. Buchheim brummte seinen Namen ins Telefon, und ich war so aufgeregt. Er wurde gerade in einer Livesendung befragt. „Herr Buchheim, können Sie sich vorstellen, dass Ihre Sammlung nach Thüringen geht?" Kurze Pause. Er: „Das kann man nie wissen" und fügte vielsagend hinzu: „Es ist ja schließlich meine Geburtsstadt. Schreiben Sie doch die Wünsche der Thüringer an unseren Ministerpräsidenten, und das möglichst sofort!" Sprachs und legte sichtlich gestresst, schnell den Hörer wieder auf. Ich jedenfalls hatte meinen Text für Seite 1. Wie man weiß, gelang es den Bayern, das „kulturelle Großereignis" (so Ministerpräsident Edmund Stoiber, CSU) für Bernried am Starnberger See zu retten. Weimar blieb mal wieder eine verlorene Hoffnung auf die Moderne. Inzwischen kommen jährlich rund 100.000 Besucher in Buchheims mit Schätzen angefülltes Museum der Maler des Expressionismus sowie mit internationalem Kunsthandwerk. Ein paar Jahre später durfte ich es selbst erleben.

Ein zweites Gespräch am Telefon galt dem Schlagerstar Roland Kaiser (geb. 1952). Er, der heute größte Hallen füllt und in Dresden Open Air eingemeindet ist, hatte sich damals trotz chronischer Erkrankung für eine Tournee u. a. in der Erfurter Thüringenhalle angesagt. „Heute und Hier" hieß die neue CD. Ich fragte, wie biographisch seine Musik zu Liebe und Leid ist. „Erleben und Beobachten vermengen sich stets. Ich habe 80 Prozent meiner Titel selbst geschrieben." Ist das Lied „Sarajewo" eine neue Textfarbe? Kaiser: „Ich werde in Zukunft versuchen, Dinge zu verarbeiten, die mich ganz persönlich interessieren – in der Politik wie im Sport." Ein Titel lautete „Und wer küsst mich?". Frage: Wer küsst Sie derzeit? „Mich küssen viele Freunde auf die Wange. Aber es gibt natürlich auch eine konkrete Partnerin, die das tut, na klar." Sonstige Vorlieben? „Meine Priorität hat das Liveerlebnis mit Publikum. Dies ist der spannendste Teil meines Berufes frei von Einschaltquoten oder Hitparadenplätzen." Danke, Roland Kaiser und alles Gute für Zukunft.

Verunglückt war mein Interview mit einem der einst bekanntesten deutschen Schauspieler: Wolfgang Kieling (1924–1985). Wir lernten uns 1969 kennen beim Filmball des DNT Filmclubs in Weimar zu dessen fünften Jubiläum. Ich saß am Tisch 32. Kieling, der besonders von Frauen Umschwärmte: „Wir treffen uns morgen um 10 Uhr im Elephanten" tröstete er mich für die „Thüringische Landeszeitung". Am nächsten Morgen, ich war überpünktlich, wie so oft. Doch von Kieling keine Spur. Ich war gespannt auf ihn, denn er hatte wieder einmal die Grenzen von West nach Ost gewechselt. Sein Motiv: Protest gegen die von der BRD-Regierung unterstützte amerikanische Vietnampolitik. Aber, keine der vorbereiteten Fragen wurde gestellt, auch nicht zum ganz aktuellen Streifen „Jungfer, sie gefällt mir" mit Monika Gabriel (1943–2007). Kieling war verliebt in die Gabriel und heiratete sie. Die genossene Liebe war wohl auch der Grund seines Korbes für mich Wartenden: „Tut mir leid, ich bin spät dran, wir reden später". Das wars. 1970 filmte Kieling wieder im Westen und – blieb.

Die ewige Triebfeder Neugierde animierte mich, der in die Macht ihrer Bilder der Nazizeit verliebten Regisseurin, Schauspielerin und Tänzerin Leni Riefenstahl (1902–2003) ein Fax zu senden. Es sollte ein Gespräch über Täter und Mitläufer werden. Anlass war der gerade erschienene Großband „Fünf Leben" (Taschen Verlag). Da kam aus Pöcking ein Brief in die Redaktion: „Leider muss ich ihnen mitteilen, dass Frau Riefenstahl nach dem schweren Hubschrauberabsturz im Sudan noch nicht in der Lage ist, ein Interview zu geben." Es wäre wohl mein kompliziertester Termin geworden mit einer Frau ohne Einsicht in ihre Verstrickungen. Für sie war die Vergangenheit scheinbar verstörend schnell vergangen. Doch ihre Bilder schlafen nicht…

Anlass zur Freude gab TA-Ressortleiter Sigurd Schwager, als er mir für einen Sonntagnachmittag das mögliche Treffen mit Vadim Glowna (1941–2012) auf dem Erfurter Flughafen avisierte. Vadim Glowna, Schauspieler, Regisseur, Drehbuchautor und Filmproduzent in einem. Viele Fragen schossen mir durch den Kopf, die ich diesem Dinosaurier des Films stellen wollte. So lag ich denn auf der Lauer am heimischen Telefon. Und als es klingelte, pochte das Herz aufgeregt und war Kopfkino angesagt. Dies bis eine unerwartete Stimme mir erklärte: Wegen des Nebels über Erfurt kann die Maschine leider nicht landen… Immerhin fiel mir wenigstens eine fürs Diarium notierte tröstliche fernöstliche Weisheit ein: „Es wäre verlorene Mühe, wollte man den Mond aus dem Wasser fischen." Welche Erfahrungen mag der Sinngeber dieses Spruchs wohl gemacht haben?

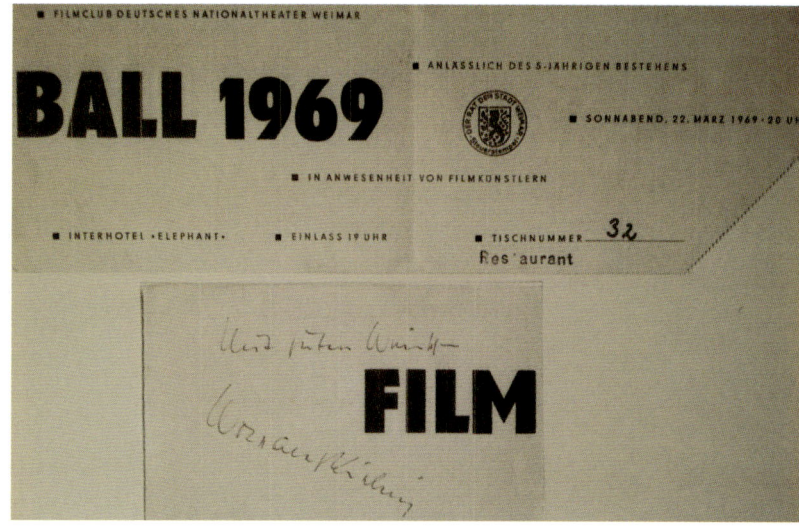

169

Über den Autor

Journalist mit Leib und Seele, hat sich Wolfgang Leißling, geboren in Erfurt, seit den 1960er-Jahren der Arbeit für Zeitungen und Zeitschriften verschrieben – mittlerweile sind es rund 30 geworden. Dazu kamen peu-à-peu zahlreiche Katalogtexte, Monografien, Laudationes, Geleitworte für diverse Editionen, Konzepte zur Öffentlichkeitsarbeit für verschiedene Auftraggeber und die Mitarbeit in legendären Galerien wie dem Erfurter Kunstkabinett. Daneben wirkt er als Ideengeber und Organisator von Filmprojekten, als Kurator von Kunstausstellungen oder Mitherausgeber weiterer Publikationen.

Die wichtigsten Felder seines Engagements sind Kunst und Künstler, Literatur, Architektur und Natur – vor allem der Tierschutz, Geschichte und Geschichten, die das Leben über die Jahrhunderte hinweg schreibt, vor allem in seiner ihm tief verbundenen Heimatregion Thüringen, in der auch seine Familie noch heute erkennbare Spuren hinterlassen hat.

Dabei kam auch das eine oder andere Buch heraus (u. a. entstand der opulente Bildband „Burgen zwischen Werra und Elbe" mit Freund und Mitstreiter Dr. Georg Menchén) und nun ein Resümee-Band voller Kostbarkeiten vom Wegesrand eines unablässig von Neugier und Aufmerksamkeit in Bewegung gehaltenen Wanderers.

Das erforderliche Handwerkszeug eignete sich der gelernte Werkzeugmacher ganz nebenher an, belegt nicht zuletzt durch Studienabschlüsse in Journalistik (1972) und Kulturwissenschaft (1985). Angemessene Reviere für seine Kreativität fand er langjährig in den Kulturressorts der Thüringischen Landeszeitung und der Thüringer Allgemeinen, und mit den spannenden Resultaten seiner Spurensuche vorwiegend im kulturhistorischen Bereich für Thüringer Medien beschäftigt er alle ungesättigt Neugierigen auch weiterhin, beispielsweise mit Beiträgen im „TOPMagazin Thüringen". Ein Ende ist nicht abzusehen.

Dr. Jutta Lindemann

Bildverzeichnis

Foto: Roland Obst. Archiv Thüringer Allgemeine (Mediengruppe Thüringen Verlag GmbH)

Seite 62: Louis Ferdinand vor dem Sarg Friedrich des Großen. Foto: Roland Obst. Archiv Thüringer Allgemeine (Mediengruppe Thüringen Verlag GmbH)

Seite 64: Cläre Werner mit Stauffenbergs Fernglas. Foto: Sascha Fromm. Archiv Thüringer Allgemeine (Mediengruppe Thüringen Verlag GmbH)

Seite 66: Cläre Werner auf einer der historischen Kanonen der Wachsenburg. Sammlung Leißling

Seite 67: Historische Postkarte mit der Wachsenburg. Bild: K. Rabe 1918. Verlag Reineck & Klein, Weimar

Seite 68: Otto Knöpfer malt Wolfgang Leißling. Foto: Monika Fengler. Sammlung Leißling

Seite 70: Porträt Wolfgang Leißling. Bild: Otto Knöpfer. Sammlung Leißling

Seite 72 l.o.: Wolfgang Leißling interviewt Michael Kirchschlager. Foto: Mario Hochhaus. TOPMagazin Thüringen

Seite 72 l. u.: Michael Kirchschlager mit Buch und Drache Emil. Foto: Mario Hochhaus. TOPMagazin Thüringen

Seite 72 r.: Michael Kirchschlager als Ritter auf seiner Burg: Kemenate Schwallungen. Foto: Mario Hochhaus. TOPMagazin Thüringen

Seite 74: Buchcover „Emil aus der Drachenschlucht". Steffen Grosser (Illustration). Knabe Verlag, Weimar 2013

Seite 75: Schlafender Emil. Steffen Grosser (Illustration). Knabe Verlag, Weimar

Seite 76: Antje Wagner am Familiengrab Leißling. Foto: Wolfgang Leißling

Seite 78 l. o.: Julia Kulewatz. Foto: M. Paul (CC BY-SA 4.0)

Seite 78 l. u.: Widmung Antje Wagner. Sammlung Leißling

Seite 78 r.: Katharina Bendixen. Foto: Marcel Krummrich. TOPMagazin Thüringen

Seite 80 l.: Widmung Michael Triegel. Sammlung Leißling

Seite 80 r.: „Die Verwandlung der Götter", 2010. Bild: Michael Triegel. Museen der Stadt Erfurt, Angermuseum Erfurt

Seite 84: Gabriele Stötzer (geb. Kachold) im heimischen Wohnzimmer 1992. Foto: Roland Obst. Archiv Thüringer Allgemeine (Mediengruppe Thüringen Verlag GmbH)

Seite 86: Widmungen Gabriele Stötzer. Sammlung Leißling

Seite 88 l.: Dankkarte Magdalene Kunze 1991. Sammlung Leißling

Seite 88 r.: Prospekt Ausstellung „Erich Heckel Lebensstufen" des Angermuseums Erfurt. Museen der Stadt Erfur

Seite 92: Rolf Hochhuth. Foto: Peter Riecke. Archiv Thüringer Allgemeine (Mediengruppe Thüringen Verlag GmbH)

Seite 94: Widmung Rolf Hochhuth. Sammlung Leißling

Seite 97: Wilhelm Schmid öffnet einen Glückskeks. Foto: Marcel Krummrich. TOPMagazin Thüringen

Seite 98: Wolf Vostell mit Zigarre. Foto: Roland Obst. Archiv Thüringer Allgemeine im Thüringer Wirtschaftsarchiv

Seite 100 r.: Widmung Wolf Vostell. Sammlung Leißling

Seite 102 104: Denkmal von Otto von Bismarck am Anger 33 in Erfurt. Foto: Wolfgang Leißling

Seite 106: Jean-Thomas Ungerer. © Gaëtan Bally/KEYSTONE, Diogenes Verlag, Zürich

Seite 108: Widmung Tomi Ungerer. Sammlung Leißling

Seite 110: Senta Berger 2017. Foto: Martin Kraft (CC BY-SA 3.0)

Seite 112: Senta Bergers Stern auf dem Boulevard der Stars in Berlin. Foto: Thomas Schmidt (netAction) (CC BY-SA 3.0)

Seite 114: Isa von Brandenstein mit Leißling 1990. Foto: Rüdiger Helmboldt. Sammlung Leißling

Seite 116: Historische Postkarte mit dem Luftschiffhafen Gotha. Sammlung Leißling

Seite 118: Alte Synagoge in Erfurt. Foto: Wolfgang Leißling

Seite 120: Gedenkstätte Buchenwald Mahnmal. Foto: Wolfgang Leißling

Seite 122: Autogrammkarte von Achim Reichel. Sammlung Leißling

Seite 124: Achim Reichel beim Livekonzert im „Der Hirsch" im November 2019 in Nürnberg. Foto: Stefan Brending (2eight) (CC-BY-SA-3.0 de)

Seite 126: Autogramm Wolfgang Joop. Sammlung Leißling

Seite 129: Volker Schlöndorff. Archiv Thüringer Allgemeine im Wirtschaftsarchiv Thüringen

Seite 130: Widmung Axel Brück. Sammlung Leißling

Seite 131: Schamanische Trommel. Foto: Wolfgang Leißling

Seite 132: Siegbert Kardach. RhinoVerlag, Ilmenau

Seite 133: Spielpause beim FC Adipositas. Foto: Wolfgang Leißling

Seite 134: Auszug aus Peggy Meinfelders Buch „Meine ersten 100 Westmark". Aus: Peggy Meinfelder: Meine ersten 100 Westmark; ein Sammlungsprojekt, Comptoir-Kunstmagazin, 2006

Seite 136 h.: Coverabbildung des Katalogs „Meine ersten 100 Westmark". Peggy Meinfelder: Meine ersten 100 Westmark; ein Sammlungsprojekt, Comptoir-Kunstmagazin, 2006

Seite 138: Menantes-Literaturgedenkstätte Wandersleben. Foto: Wolfgang Leißling

Seite 140: Veranstaltungsprogramm der Menantes-Literaturgedenkstätte Wandersleben 2009. Menantes-Literaturgedenkstätte Wandersleben

Seite 141: Repro Titelblatt „Theatralische Galante und Geistliche Gedichte von Menantes.". Verlag von Gottfried Liebernickel, Hamburg 1706. Foto: Wolfgang Leißling

Seite 142 h.: Gerd Fischer. Foto: Privat. Sammlung Leißling

Seite 142 u.: Katzenvermittlung durch ein Tierheim des Deutschen Tierschutzbundes e.V. Foto: Deutscher Tierschutzbund e.V.

KUNST HAUS APOLDA AVANT GARDE

Bahnhofstraße 42 · 99510 Apolda

Tel.: 03644 51 53 64 · Fax: 03644 51 53 65
www.kunsthausapolda.de
info@kunsthausapolda.de